Inhaltsverzeichnis

Inhaltsverzeichnis

Literatur:

von Allwörden, Margret / Wiese, Marie: „Vorbereitete Umgebung für Babys und kleine Kinder. Handbuch für Familien, Krippen und Krabbelstuben“, Pikler Gesellschaft Berlin, Berlin 2005

von der Beek, Angelika / Buck, Matthias / Rufenach, Annelie: „Kinderräume bilden. Ein Ideenbuch für Raumgestaltung in Kitas“, Cornelsen Verlag Scriptor, 2006

von der Beek, Angelika: „Bildungsräume für Kinder von Null bis Drei“, Verlag das Netz, 2007

Beer, Ulrich: „Was Farben uns verraten. Eine bunte Psychologie“, Centaurus Verlag & Media, 2004

Bertelsmann Stiftung (Hrsg.): „Lasst die Kleinen groß! Kinder früher fördern“, 2005

Bundeszentrale für gesundheitliche Aufklärung (Hrsg.): „Gesund groß werden. Eltern-Ordner zum gesunden Aufwachsen und zu den Früherkennungsuntersuchungen für Kinder U1 – U9 und J1“

Das Berliner Eingewöhnungsmodell, INFANS, Berlin 1990

DGUV (Deutsche Gesetzliche Unfallversicherung): *www.dguv.de* (Stand Mai 2011)

Kammerer, Doro: „Das dritte Lebensjahr. Ratgeber für Eltern“, Deutscher Taschenbuch Verlag, 2003

Kindergarten heute spezial: „Vom Säugling zum Schulkind. Beiträge zur Entwicklungspsychologie“, Herder Verlag

Einführung in die Idee der Nestgruppe

Entstehungsgeschichte

Zweijährige Kinder erobern durch die Einführung des Kinderbildungsgesetzes in weiten Teilen des Landes NRW die Kindertageseinrichtungen. Ihre Integration bedeutet für die Erzieherinnen* und Trägervertretungen nicht nur die Betreuung einer weiteren Jahrgangsstufe, sondern auch die Erweiterung eines neuen und sensiblen Entwicklungsbereiches.

In der Entwicklungspsychologie werden die ersten beiden Lebensjahre sehr detailliert beschrieben. In dieser Altersphase ist die motorische, sprachliche und kognitive Entwicklung der Kinder von großen sichtbaren und messbaren Leistungen geprägt. Das dritte Lebensjahr, das zur Festigung und Erweiterung aller bisherigen Leistungen und Erfahrungen und zum Entdecken der Ich-Kompetenzen dient, blieb bisher eher unbeachtet. Selbst manche Fachliteratur oder gesetzgebende Instanz spricht von den „Unter-3-Jährigen" und berücksichtigt damit hauptsächlich das 1. und 2. Lebensjahr. Der Blick auf das zweijährige Kind muss demnach noch mehr in den Vordergrund gerückt werden.

Mit den ungewohnten Ansprüchen der jüngeren Kinder benötigen die Kitas eine Neuorientierung der pädagogischen Arbeit, insbesondere in der Konzeptarbeit, der Raumgestaltung, der Elternarbeit und in den Bildungsangeboten für zweijährige Kinder.

In vielen Diskussionen und Gesprächen mit Erzieherinnen und Eltern haben wir uns der Umstellung und der befürchteten Problematik in der Betreuung von zweijährigen Kindern geöffnet und diese konstruktiv zurate gezogen. Zusammenfassend kann man festhalten:

- Eltern von dreijährigen Kindern äußern ihre Sorge, dass jüngere Kinder bevorzugt werden könnten und damit verbunden eine Zurückstellung in der Betreuung ihres eigenen Kindes entstehen könnte.
- Eltern von älteren Kindern befürchten einen Rückgang der Bildungsarbeit und der adäquaten Vorbereitung auf die Schule, da jüngere Kinder, z. B. durch das Wickeln, vermehrt die Aufmerksamkeit der pädagogischen Mitarbeiterinnen brauchen.
- Eltern von zweijährigen Kindern wünschen eine Aufnahme in die Kindertagesbetreuung, sorgen sich jedoch um das Wohlbefinden ihrer Kinder aufgrund der großen Altersmischung.
- Mitarbeiterinnen fühlen sich wegen der unvorbereiteten Aufnahme überfordert (in Aus- und Fortbildung standen 3–6-jährige Kinder im Vordergrund, vielen Erzieherinnen fehlt die Erfahrung).
- Für die Betreuung in der Altersmischung 2–6 Jahre ist eine Gruppengröße von 20 Kindern zu groß. (Der europäische Standard liegt bei 15 Kindern.)
- Die vorgeschriebene Betreuung von sechs zweijährigen Kindern in der Gruppe ist im Voraus in der Theorie berechnet worden und in der Praxis nicht zu halten.

*** Hinweis:**
Aus Gründen der besseren Lesbarkeit wird im Folgenden auf eine sprachliche Differenzierung der weiblichen und männlichen Bezeichnungen verzichtet. Da die Erzieher in Kindertageseinrichtungen zumeist weiblich sind, haben wir uns hier für die weibliche Form entschieden. Selbstverständlich sind stets beide Geschlechter angesprochen.

- Der Entwicklungsunterschied zwischen zweijährigen Kindern und Kindern der Altersmischung 3–6 Jahre ist ähnlich wie bei angehenden Schulkindern und Kindern im ersten Schuljahr. Es fehlt den jüngeren Kindern an geistiger Reife und an kognitiven Möglichkeiten, beginnend beim Sprachgebrauch bis hin zum Regelverständnis.
- Die Zweijährigen verfügen über einen gesunden Egozentrismus, sie fordern ihr Recht auf Zuwendung, Zeit, Platz und Materialien vehement ein.
- Angehende Schulkinder haben einen erweiterten sozialen Status, vor allem im Umgang mit jüngeren Kindern leisten sie gerne Hilfe und Unterstützung. Die Schulkinder können jedoch mit kontinuierlichen Ansprüchen auch überfordert werden.
- Keine Bildung ohne Bindung: Zur pädagogischen Arbeit mit zweijährigen Kindern gehören Mitarbeiterinnen, die sich mit Empathie und emotionaler Gesundheit den Kindern widmen.

Diese Argumentationen haben uns zum Konzept der sogenannten „Nestgruppe" geführt. Für die Installation einer Nestgruppe ist eine entsprechende Konzeption notwendig, die dann auch in *allen* Gruppen transparent gemacht werden muss.

Definition einer Nestgruppe:

In einer „Nestgruppe" betreuen mindestens drei pädagogische Mitarbeiterinnen 12–15 zweijährige Kinder. Diese Kinder werden in der Zeit von November des laufenden Kindergartenjahres bis zum Oktober des darauffolgenden Kindergartenjahres drei Jahre alt. Sie besuchen diese Gruppe ein Jahr lang und wechseln im Sommer in die altersgemischten Gruppen.

Das Grundkonzept

Die pädagogische Arbeit in Kindertageseinrichtungen und damit das Arbeitsfeld der pädagogischen Mitarbeiterinnen müssen die Betreuung, Bildung und Pflege aller Kinder und Altersstufen in der tagtäglichen Arbeit absichern.

Um dieser hohen Verantwortung gerecht zu werden, bedarf es nicht nur der Professionalität und der Freude an der Arbeit mit Kindern, sondern auch Strukturen und Verlässlichkeit, wodurch die Mitarbeiterinnen Routine und Zeitersparnis entwickeln können.

Diese Unterstützung möchten wir Ihnen mit der

„Bildungsuhr der Zweijährigen"

anbieten, indem Sie an unseren Erfahrungen, Beobachtungen und Erlebnissen im Leben und Lernen mit zweijährigen Kinder teilhaben können.

Grunderfahrung

Die Betreuung in der Nestgruppe verläuft für Kinder während des Jahres in unterschiedlichen Phasen.

Die zweijährigen Kinder starten immer mit einer Eingewöhnungsphase, die sich über ca. 3–5 Wochen hinzieht: **„Hilfe, die Zweijährigen kommen!"** In dieser Zeit begleiten die bisherigen Bezugspersonen die Kinder in dem Erleben und Sichern von neuen und bekannten Kontakten und Betreuungsmöglichkeiten.

„Hilfe, die Zweijährigen kommen!"

„Windelalarm!"

Fast nahtlos schließt sich der von uns genannte **„Windelalarm"** an. Nach einer sicheren Eingewöhnung und einem bisher unauffälligen Besuch der Kindertageseinrichtung beginnt die Rebellion in Windeln. Plötzlich weigern sich die Kinder, in der Kita zu bleiben. Regeln werden nicht mehr beachtet und Erzieherinnen herausgefordert. Der Vergleich mit angehenden Schulkindern – die kurz vor der Schule noch einmal einen kleinen Schritt in ihrer Entwicklung zurückmachen, um dann mit allen Kräften und einer sicheren Basis durchzustarten – sei erlaubt.

Nach dem „Windelalarm" sind die Kinder in ihrem Selbstvertrauen, in ihrem Egozentrismus angekommen und erobern ihre Nestgruppe mit der **„Ich kann das schon!"**-Phase. Kinder entwickeln während dieser Zeit besonders stark ihre persönlichen Kompetenzen. Sie wünschen reale Erlebnisse, Beobachtungen und Beschäftigungen mit sich und der Umwelt. Dabei stehen für die Kinder die eigene Persönlichkeit und ihr eigenes Wohlbefinden im Vordergrund. Wenn sie etwas wollen, dann bitte sofort, ganz egal, ob es sich dabei um Material oder um die Zuwendung der Bezugserzieherin handelt. Ist z. B. die Begrüßungsphase – durch irgendeine Störung – nicht gelungen, so kann der ganze Tag misslungen sein. Die Erzieherin wird in ihren Vorbildfunktionen, Anregungen und Begleitungen von den Kindern beobachtet und benötigt.

„Ich kann das schon!"

Diese Stärkung der intrapersonalen Kompetenzen dauert ca. sechs Monate. Nach unseren Beobachtungen verändern sich dann die Kompetenzen und Wünsche der Kinder in **„Wir können das!“** Soziale Aspekte des Spiels erhalten einen höheren Stellenwert. Wo bisher der Wunsch nach einer persönlich bevorzugten Beschäftigung vorrangig war, rücken jetzt Spielpartner und Gemeinsamkeiten der Kinder in den Vordergrund. Erste Freundschaftsbindungen halten über einen längeren Zeitraum, Kinder orientieren sich an bevorzugten Spielpartnern und beteiligen sich an deren Spiel. Erste Kompromisse können allein geschlossen werden, die Erzieherinnen rücken in ihrer Bezugsbedeutung in den Hintergrund.

„Wir können das!“

„Und tschüss!“ – Damit bezeichnen wir die Zeit der Integration in andere Gruppen. Begleitet von den Bezugserzieherinnen und bevorzugten Spielpartnern besuchen die Kinder kontinuierlich die anderen Gruppen beim Freispiel, im Morgenkreis, bei Angeboten und Werkstätten.

„Und tschüss!“

Da Uhrzeiten ebenso wie das Jahr in der Nestgruppe in zwölf Einheiten aufgeteilt sind und über immer wiederkehrende Zeitperioden verfügen, haben wir die Bildungsuhr konzipiert.

Die Bildungsuhr

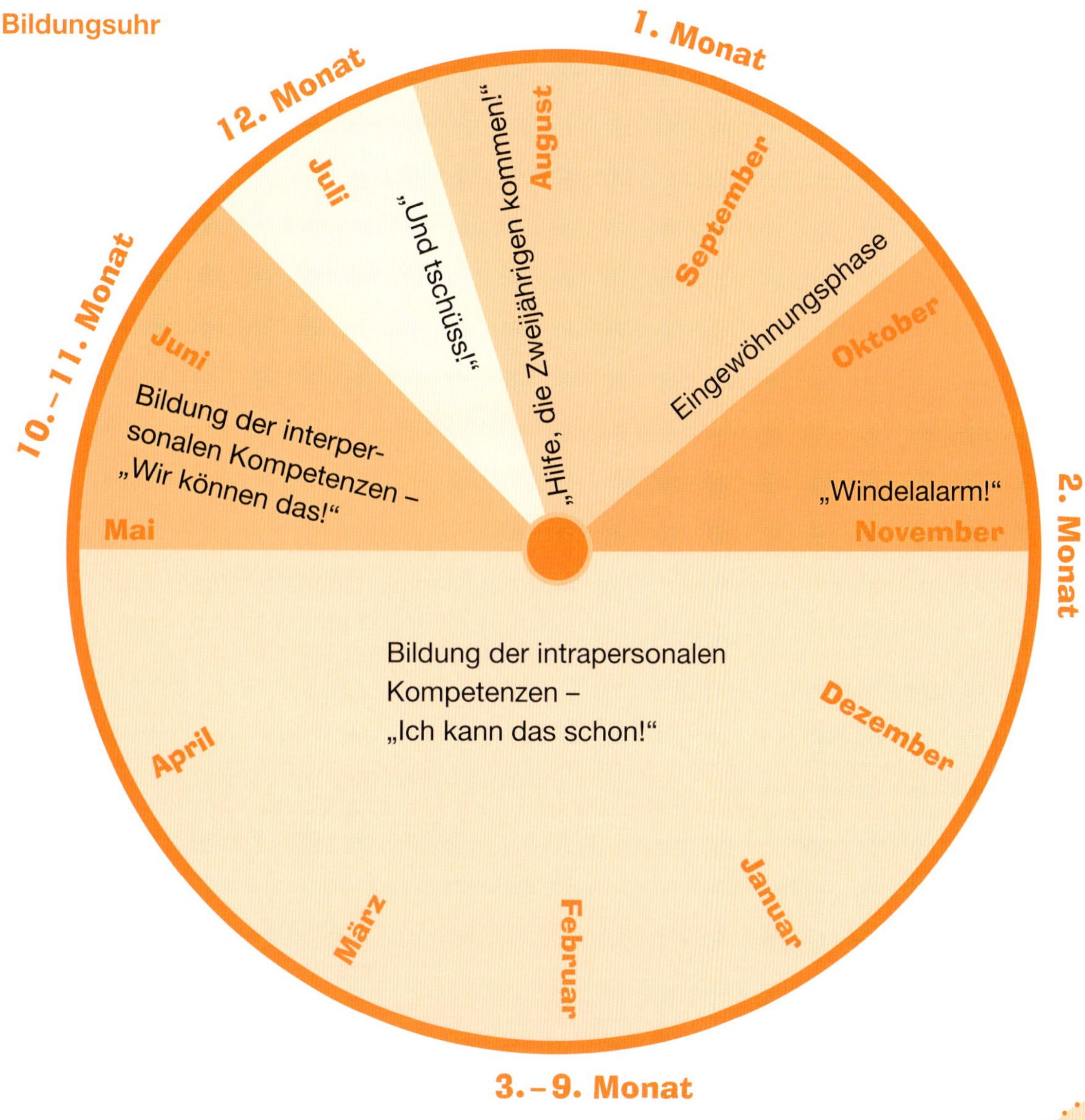

„Hilfe, die Zweijährigen kommen!" – Es ist fünf vor zwölf

Raumvorbereitungen

Räume laden zum Besuch ein oder stoßen ab, sie können Erlebnisse fördern oder verhindern. Die Entscheidung, ob jemand einen Raum ansprechend findet, wird bei Erwachsenen und auch bei Kindern unbewusst und innerhalb von Sekunden gefällt. Das Urteilsvermögen wird von allen Sinnen beeinflusst und umfasst Gerüche, Farben, Strukturen, Weite und Enge des Raumes ebenso wie die Anordnung von Materialien.

Mit dem Raum als „vierter Erzieher" wird deutlich, wie hilfreich eine adäquate **Raumgestaltung** sein kann. Gerade bei engen Dienstplänen und der knappen Vor- und Nachbereitungszeit unterstützt eine durchdachte Raumplanung nicht nur die Kinder in ihrer Zufriedenheit und Aktivität, sondern auch die pädagogischen Mitarbeiterinnen.

Der Raum als vierter Erzieher.

Die bisher ungewohnten Ansprüche der jüngeren Kinder verlangen sowohl eine Reflexion des Erzieherverhaltens und der Materialangebote als auch eine Überprüfung und ggf. Neukonzipierung der Raumangebote.

Zweijährige Kinder haben einen eingeschränkten aktiven Sprachschatz, sie agieren und reagieren oft nonverbal, intuitiv und nehmen Einflüsse von außen sehr sensibel auf. Daher kommt der Raumgestaltung für dieses Alter eine nochmalige besondere Bedeutung zu. Die Erzieherin muss dieses Unvermögen von verbaler Auseinandersetzung kompensieren, in der Raumausstattung die Wünsche und Bedürfnisse ihrer Kinder vorausahnen und im Vorfeld deren Erfüllung sichern.

Faktoren für eine kindorientierte Raumgestaltung für zweijährige Kinder

Entwicklungspsychologische Voraussetzungen

Zweijährige Kinder befinden sich in der sensiblen Phase der **„Ich-Erkenntnis"**, dem **Autonomiestreben** bzw. in der **„Trotzphase"**.
Wenn sie bisher von sich in der dritten Person sprachen, wechseln sie nun zum **„Ich"** mit allen Konsequenzen. Sie wollen ihr **Ich** in der Umwelt erproben, wollen Einfluss nehmen und ihre Wirkungsmacht entdecken. Das Bild vom Kind als eigenständiger Entdecker entsteht. Die Kinder erobern, erproben und nutzen alles und jegliches, wechseln schnell ihren Spielradius und ihre Aktionen, kennen keine Ängste und Vorbehalte. Gerade noch in der Bauecke, kommen sie auf den Gedanken, die Oma zu besuchen und ziehen mit Autos und Klötzen zum Rollenspielbereich. Diese Explorationsphase muss in einer guten Raumplanung berücksichtigt werden. Große Spielflächen und die Beachtung aller Sicherheitsmaßnahmen sind erforderlich.

Der Raum gibt Sicherheit.

Zur Förderung und Unterstützung von zweijährigen Kindern und ihren Bedürfnissen muss eine gute Raumgestaltung das **Sicherheitsgefühl** stärken. Dazu gehören unbedingt die Erreichbarkeit und Stabilität der vertrauten Personen und der Umgebungsstrukturen.

Dieser Aspekt beinhaltet verschiedene Seiten:

1. Das Vorstellungsvermögen der Kinder ist begrenzt. Verschwindet die Erzieherin hinter einem Schrank, so wissen die Kinder nicht, dass sie sich noch im Raum befindet. Für eine Nestgruppe ist daher der Einsatz von niedrigen Schränken und Elementen von Bedeutung. So können die Kinder jederzeit zu ihrer Erzieherin visuellen und dann auch körperlichen Kontakt aufnehmen.
2. Zweijährige Kinder brauchen ihre Bezugsperson nicht nur zum Spielen, sondern auch für den körperlichen Kontakt. Bodenzeiten sowie der Einsatz von vielen Teppichen und Rückzugsbereichen kommen ihren Bedürfnissen entgegen.
3. Zweijährige Kinder bedürfen zur Unterstützung ihrer Sicherheit einer intensiven Raumkonstante und einer gleichbleibenden Raumübersicht. Dieses Verlangen ergibt sich durch ihr fehlendes Erinnerungsvermögen, die infantile Amnesie. Das Langzeitgedächtnis und die damit verbundenen Erinnerungsfähigkeiten reifen erst nach dem dritten Lebensjahr heran.
4. Im Alter von zwei Jahren verfügen die Kinder im Sinnesbereich „Sehen" noch nicht über das Tiefensehen oder den Weitwinkel.[1] Ihnen steht die Fähigkeit, den Raum „ganzheitlich" wahrzunehmen, noch nicht zur Verfügung. Daraus ergibt sich einer der Gründe, warum die Raumgestaltung in Kitas allen Vorschriften der Unfallverhütung nachkommen muss.

Bildung fördern durch eine durchdachte Raumgestaltung

Sprache: Eine multifunktionale Raumgestaltung fördert und fordert die Kinder in ihren sprachlichen Fähigkeiten. Der Wunsch, ihre geistigen Auseinandersetzungen mitzuteilen, entsteht. Vor dem Lernen steht bei so jungen Kindern das **Erleben** an erster Stelle. So müssen z. B. Präpositionen wie *vor, hinter, in* oder *auf* erlebt werden. Ein Raum für Zweijährige muss den Alltag und das Sprachbedürfnis der Kinder miteinander verbinden.

Sprache erleben

Bewegung: Gerade das dritte Lebensjahr dient der Festigung und Sicherung aller motorischen Leistungen, Fähigkeiten und der kognitiven Speicherung dieser Erfahrungen. Nicht umsonst sagt die Erziehungswissenschaftlerin Renate Zimmer: „Bewegung ist das Tor zum Lernen", und weist auf den Zusammenhang zwischen Bewegung und Gehirnfunktionen hin. Für ihre körperliche und geistige Entwicklung benötigen die zweijährigen Kinder einen ansprechenden Freiraum zur Bewegung und Stärkung ihrer ganzheitlichen Kompetenzen, beispielsweise für die Körperorientierung im Raum sowie in den Bereichen Muskelaufbau, Kinästhetik, Spannungs- und Kraftsinn, Drucksinn. Bewegung kommt der Selbsterkenntnis und dem Autonomiestreben der Kinder von allen Bildungsbereichen am meisten entgegen und verbindet ihren Wunsch, die Umwelt zu verändern und Einfluss zu nehmen.

Wahrnehmung: Durch die Helligkeit des Tageslichtes können Kinder Objekte intensiv erkunden und erfassen. Der Raum muss in Licht und Temperatur den natürlichen Bedürfnissen der Kinder entsprechen. Gerade zweijährige Kinder befinden sich in einer sehr sensiblen geistigen Aufnahmephase. Sie speichern „Bilder" und „Erfahrungen" im Gehirn, um sie später wieder abzurufen. Optimale Sehbedingungen fördern das Interesse, die Aufmerksamkeit und die Konzentration der Kinder.

1 Bundeszentrale für gesundheitliche Aufklärung: „Gesund groß werden", S. 11

Ruhe, Erholung und Körperhygiene: Das Ruhe- und Entspannungsbedürfnis ist bei zweijährigen Kindern sehr unterschiedlich. Etwa 16 % der Zweijährigen benötigen keinen Mittagsschlaf mehr, weiteren 10 % der Kinder genügt eine Entspannungspause.[2] Tageseinrichtungen, die die Betreuung von zweijährigen Kindern übernehmen, müssen diese Bedürfnisse berücksichtigen.
Jüngere Kinder wünschen sich des Weiteren überschaubare Gruppen.
Das Stresshormon Cortisol ist bei jüngeren Kindern, die außer Haus betreut werden, für den Nachmittagsbereich erhöht nachgewiesen worden.[3] Der Rückzugsbereich ist daher von großer Bedeutung.
Gegen Ende des dritten Lebensjahres erhalten die Kinder die Kontrolle über Blase und Darm. Mit diesem Reifungsschritt zwischen dem 18. und 30. Monat reagieren die Dehnungsrezeptoren auf die Weitung der Blasenwand[4], die Kinder werden *trocken.* Zu ihrem körperlichen Wohlbefinden gehört somit auch eine dementsprechende Möglichkeit zur Pflege bzw. Hygiene.
Der Pflegebereich muss besonders sauber gehalten werden, da bei Durchfallerkrankungen, wie z. B. dem Norovirus, ein Austrocknen der Kinder lebensgefährlich sein kann.

Das 1 x 1 der Ausstattung

Hier finden Sie konkrete Raumgestaltungsmöglichkeiten, stets unter Beachtung der Sicherheitsvorschriften.

Allgemeines

- Größe der Räume: 6 qm pro zweijährigem Kind[5], Gruppenraum und Nebenraum mindestens 75 qm.[6]
- Betreuungsräume für zweijährige Kinder müssen feststehende Strukturen über einen längeren Zeitraum bieten. Der Ruhe- oder Bewegungsbereich muss ebenso am gleichen Platz sein wie der Rollenspielbereich oder die kreative Werkstatt. Faustregel: **Das erste halbe Jahr den Gruppenraum nicht verändern.**
- Kontinuierliche, visuelle und körperbezogene Erreichbarkeit der pädagogischen Mitarbeiterinnen ist von großer Bedeutung, d. h. die Erzieherinnen müssen für die Kinder immer sichtbar sein: niedrige Schränke, Raumteiler mit Sichtfenstern, 2. Ebene mit Gucklöchern.
- Die Räume in der Kita sollten gut belüftet sein und viel Tageslicht bekommen: ca. 1 / 5 der Grundfläche sollte eine Fensterfront bilden.
- Eine angenehme und zweckbestimmte Raumtemperatur ist wichtig: im Gruppenraum 20 Grad, im Ruhe- und Bewegungsbereich ca. 18 Grad und mindestens 24 Grad im Pflegebereich.[7]
- Vorsicht im Sommer: Sonnenschutz einrichten und so der Überhitzung der Räume vorbeugen.

2 Referat Struck, Petra, Caritasverband Aachen, 28.03.2008
3 Kindergarten heute spezial: Vom Säugling zum Schulkind, S. 35
4 Vgl. Kammerer, Doro: Das dritte Lebensjahr, S. 54
5 LVR Publikation, 26.06.2008
6 Lasst die Kleinen groß! Kinder früher fördern, Bertelsmann, S. 9
7 LUK – GUV – SR2 § 7: Natürliche Lüftung, Raumklima

Raumaufteilung

- Raumteiler dienen der Orientierung. Sie sollten nicht höher sein als das kleinste Kind in der Gruppe. Mit dieser Übersichtlichkeit werden die emotionale Sicherheit der Kinder sowie die weitere Forscher- und Bildungsarbeit unterstützt.
- Durch eine 2. Ebene kann der Raum in einzelne Bereiche unterteilt werden.
- Platz für Tagesrituale schaffen, wie z. B. einen bestimmten Bereich für den Morgen- und Abschlusskreis.
- Freie und offene Spielzonen anbieten, die sowohl das alleinige Spiel zulassen als auch das Nebeneinander oder Miteinander ermöglichen.
- Das gemeinsame Spiel mit allen Altersstufen durch hierfür bestimmte Zonen / Spielräume fördern.
- Rückzugsbereiche, z. B. durch Tischhussen, anlegen.

Wände und Dekoration

- Helle, neutrale Farben verwenden, eine einzelne Wand kann durch eine besondere Farbe hervorgehoben werden. Farbpsychologie beachten: Weniger ist mehr![8]
- Insgesamt nur wenig dekorieren, denn Spielbereiche und Materialien bieten genügend Reize (Gruppe einmal aus der Perspektive der Kinder betrachten).
- Auf „Verniedlichung" der Wände (z. B. Blumenlampen) verzichten. Kinder benötigen Anlehnung an die Realität.
- An der Decke nur das aufhängen, was auch tatsächlich fliegen kann. Dadurch wird die Umweltorientierung / Wahrnehmung der Kinder gesichert.
- Die Decke kann mit Rosengitter ausgekleidet werden, so wirkt sie niedriger.

Licht

- Das Licht sollte variabel eingesetzt werden; bestimmte Bereiche können ausgeleuchtet werden, um die Motivation zu lenken. Nur im Tageslicht kann das menschliche Auge die natürlichen Farben wahrnehmen. Künstliche Beleuchtung lässt Farbnuancen für das menschliche Auge verschwinden.

Türen

- Evtl. Bullaugen in Türen einbauen lassen.
- Türen müssen grundsätzlich so gesichert werden (Stopper, Riegel), dass Kinder durch aufschlagende Türflügel nicht gefährdet werden.[9]

Fenster

- Fenster frei lassen oder Gucklöcher für die jüngeren Kinder anlegen. Fenster müssen für die Kinder leicht erkennbar sein.
- Fenster müssen verschließbar sein (der Schlüssel muss aufgrund der Brandschutzverordnung immer erreichbar sein).
- Fensterbänke entweder abschrägen oder als Spielfläche einsetzen (Kletterversuche können so verhindert werden).

Allgemeine Sicherheit

- Rutschhemmende Bodenbeläge verwenden. Stolperstellen und Einzelstufen sind im Bereich von Kindern zu vermeiden.[10]

---

8 Vgl. Beer, Ulrich: Was Farben uns verraten
9 GUV SR 2 § 13
10 GUV SR 2 § 8

- Lärmschutz beachten; evtl. mit Kork, Teppichen, Wandkonstruktionen … Lärm eingrenzen.
- Wände dürfen keine scharfen Kanten und Oberflächen haben (bis zu einer Höhe von 2 Metern).[11]
- Bitte beachten Sie, dass Kinder durch Gegenstände, die aus Regalen fallen könnten, nicht verletzt werden. „Schwere“ Spiele gehören in das unterste Fach.
- Alle elektrischen Leitungen / Steckdosen sichern.
- Verbote für jüngere Kinder grundsätzlich mit der Farbe „Rot“ kennzeichnen.

Möbel

- Alle Möbel in der Kita sollten stabil, strapazierfähig, schlicht, freundlich, zeitlos, kindgemäß, aber nicht kindisch sein.

Sicherheit

- Das GS-Zeichen (= geprüfte Sicherheit), der Blaue Engel (= Umweltzeichen), die Gütezeichen „goldenes M“ sowie „RAL“ sind bei der Anschaffung von Möbeln zu berücksichtigen. Sie weisen auf gute und sichere Qualität hin.
- Für Tische und Stühle gilt der folgende Paragraf der Deutschen Gesetzlichen Unfallversicherung: GUV-SI 8011.
- Raumteiler müssen über eine kipp- und standsichere Aufstellung verfügen.

Regale

- Regale werden benötigt, um Materialien außerhalb des Zugriffes von zweijährigen Kindern aufbewahren zu können.
- Offene Regale (ohne Hinterwand) können bewusst als Bewegungsmöglichkeit, z. B. zum Klettern, eingesetzt werden. **Achtung:** Die Regale müssen sehr stabil sein.
- In Regalfächern können Schmusetücher oder Kuscheltiere der Kinder aufbewahrt werden.

Schränke

- Alle Schränke mit Rollen versehen, damit sie variabel einsetzbar sind. Rollen müssen feststellbar sein.
- Podeste oder Schubladenschränke in verschiedenen Höhen erleichtern die Ordnung der Materialien. Die Oberflächen der Schränke könnten evtl. aus unterschiedlichen Materialien sein.
- Geschlossene und abschließbare Schränke sind notwendig, um Materialien außerhalb des Zugriffes von den Kindern aufbewahren zu können.
- Zweijährige Kinder lieben das Ein- und Ausräumen von Dingen, daher sollten die Schränke mit vielen Schubladen ausgestattet sein. Die Schubladen erleichtern auch den Mitarbeiterinnen das Aufräumen.
- Durchsichtige Schubladen sollten vermieden werden wegen möglicher Reizüberflutung der Kinder.

BVK KI18 • Angelika Hüskes / Doro Leenen: „Die Bildungsuhr der Zweijährigen“

11 GUV SR 2 § 9

- Große Schubladen können mit Erkennungssymbolen der Kinder versehen werden. Jedes Kind erhält so sein eigenes Fach.
- Schubladen müssen vor dem Herausfallen abgesichert werden.

Tische

- Das Spiel unter den Tischen ermöglichen, z. B. durch Tischhussen. So werden gleichzeitig Rückzugsbereiche geschaffen.
- Tipp: Auch unter den Tischen Spiegel anbringen.
- Auf große, runde Tische verzichten, da zweijährige Kinder deren Mitte nicht erreichen.
- Tipp: Alte Tische mit einer Leiste versehen, damit das Spielmaterial nicht herunterfällt. An alten Tischen können zudem ggf. die Beine gekürzt werden.

Stühle

- Große Stühle sollten über Fußhocker verfügen, damit die Kinder „geerdet" sind. Evtl. zur Absicherung der Kinder an Armlehnen denken.
- Auf den Kauf von niedrigen Stühlen verzichten: Herausforderungen schaffen, Auseinandersetzungen mit der Umwelt sowie das Streben nach Lösungsmöglichkeiten fördern.
- Ergonomische Stühle für die pädagogischen Mitarbeiterinnen anschaffen.

Boden

- Achten Sie bei den Bodenbelägen auf das Farbzusammenspiel.
- Einsatz von vielen Teppichen (keine Schlingenware); die Teppiche müssen formaldehydfrei sein.
- Jedes Kind verfügt über einen eigenen kleinen Spielteppich oder ein Kissen.

Treppen

- Für Treppen gilt der folgende Paragraf der Deutschen Gesetzlichen Unfallversicherung: GUV-SI 8017.
- Grundsätzlich sind Handläufe an Treppen bei Höhen ab 1 m erforderlich, wenn die Neigung mehr als 45° beträgt. Die Höhe des Handlaufes beträgt, gemessen über die Vorderkante der Stufe, mindestens 0,60 m bzw. maximal 0,85 m.
- Zugänge, Aufstiege von Spielplatzgeräten / Leitern sollten eine Neigung von 60 – 90° haben. Das Sprossenmaß (Tiefe oder Durchmesser) muss kleiner als 60 mm sein. Wichtig ist außerdem, dass die Sprossen sehr fest montiert sind, damit sie sich nicht drehen. Die Treppen sollten sich bei 15 – 60° neigen und die Stufentiefe größer als 140 mm sein. Das Maß zwischen den Tritten sollte kleiner als 110 mm sein.
- Bei Gerätehöhen über 2 m ist ein Zwischenpodest vorzusehen.
- Eine Rampe darf sich nicht um mehr als 38° neigen.[12]

2. Ebene

- Eine 2. Ebene kann als Rückzugsbereich dienen und die Orientierung des Kindes in der Umwelt sichern. Bei der Anschaffung sollten Sie auf

12 GUV-SI 8017

Absturzsicherungen und auf die Standebenen (Plattformen, Podeste, Rampen) achten. Hier gelten folgende Vorschriften: An Standebenen ab 1 m Höhe sind Geländer in Form von Handläufen anzubringen. Die Handlaufhöhe sollte zwischen 0,60 m und 0,85 m liegen. An Standebenen ab 2 m Höhe sind Brüstungen vorzusehen, sie bilden den Abschluss. Die Höhe der Brüstung muss mindestens 0,70 m betragen. Zwischen Geländer und Brüstung darf es keinen großen Zwischenraum geben, den die Kinder zum Klettern nutzen können.

Raumgestaltungsmöglichkeiten für die folgenden Bereiche:

- Begrüßung und Verabschiedung (Eingangshalle)
- Garderoben und Flur
- Bewegungsbereich
- Sprach- und Sozialisationsbereich
- Kreativitätsschulung / Sinnesschulung
- Bodenzeiten
- Pflegebereich
- Ruheinseln und Schlafinseln
- Mahlzeitenbereich
- Bereich für Rituale und Besonderheiten
- Außengelände

In der gesamten Kita muss die Brandschutzverordnung berücksichtigt werden!

Begrüßung und Verabschiedung (Eingangshalle)

- Der Eingangsbereich sollte ca. 1,75 m breit sein, damit Kinderwagen und Buggys problemlos Platz finden. Kinderwagen müssen im Eingangsbereich stehenbleiben und dürfen nicht mit in die Einrichtung genommen werden.
- Infowand mit aktuellen Informationen für die Eltern aufhängen (z. B. auf Elternabende / Kinderkrankheiten hinweisen, Fotos anbringen …).
- Eine Ausstellung von gebastelten Angeboten, z. B. von Werken der Kinder, kann in der Eingangshalle Platz finden (Vitrine, Glastisch mit Sicherheitsglas – darunter spannende Stücke, auch für die Kinder gedacht).
- In großen Einrichtungen sollten Informationen über die Mitarbeiterinnen ausgehängt werden – wer arbeitet in welcher Gruppe?
- Flyer oder anderes Informationsmaterial über die Einrichtung auslegen.

Garderoben und Flur

- Die Vorschriften für Fluchtwege müssen unbedingt eingehalten werden.
- Grundsätzlich helle und neutrale Farben verwenden, da Kleidungsstücke der Kinder schon ihre Farbreize bieten.
- Werke der Kinder in großen Bilderrahmen aufhängen.
- Nicht nur die Höhe der Garderoben muss dem Autonomiestreben der Kinder angepasst werden, sondern auch die Sitzbreite der Garderobenbank. Da sich die Sichtweise und das emotionale Verständnis der Kinder in der egozentrischen Phase befinden, fällt es den Zweijährigen schwerer, ihren Sitzplatz

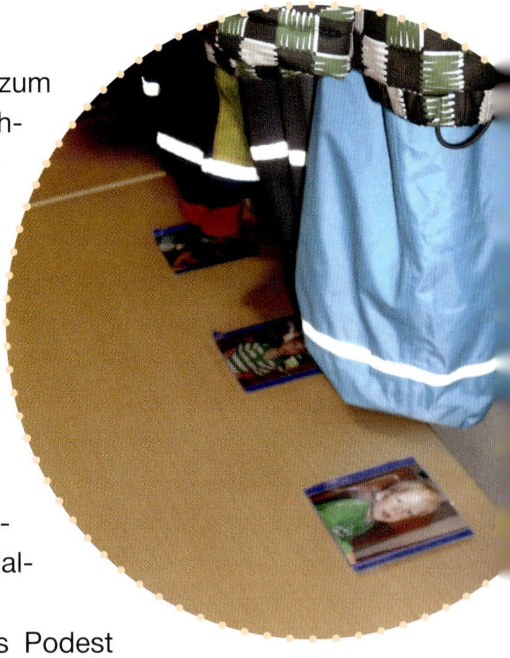

oder Haken mit anderen zu teilen. Hier sollte die Erzieherin zum einen darauf achten, dass vermehrt Ablagefläche für Wechsel- und Ersatzkleidung zur Verfügung steht, und zum anderen auch die Aktionsfläche für Bewegungen der Kinder auf den Bänken erweitert wird. Jedes Kind sollte bequem sitzen und seine Utensilien ablegen sowie hin und her rutschen können.

- Jüngere Kinder bedürfen zur Begrüßung und zur Orientierung noch Fotos an ihrem Platz an der Garderobe. So können sie ihren eigenen Ordnungssinn entwickeln und zusätzlich den Besitz und damit auch den Anspruch von anderen Kindern erkennen. Die Erkennungssymbole (z. B. Fotos) sollten sich einheitlich auf alle weiteren Raum- und Materialbereiche inkl. Pflege- und Ruhebereich beziehen.
- In der Garderobe ist die Sitzleiter[13] interessant: Auf dieses Podest können die Kinder hinaufklettern (Unterstützung des Bewegungsdranges / Autonomiestrebens). Erzieherinnen und Eltern haben so die Möglichkeit, die Kinder rückenschonend und sicher beim An- und Ausziehen zu unterstützen.
- Ein Elterncafé oder Elterntreff ist besonders für die Übergangszeit sehr empfehlenswert und könnte im Flurbereich Platz finden.
- Sinnvolle Nutzung von Ecken und Nischen, z. B. als Parkplatz für Rutschautos.
- „Briefkästen“ für die Eltern einrichten (z. B. für die Vermittlung von Lied- und Spielgut).

Bewegungsbereich

Bewegung lässt sich durch folgende Angebote fördern:

- Podeste, Tunnel, schiefe Ebenen zum Krabbeln, Kriechen …
- Wippen, Steigungen, Bänke und kleine Leitern
- Schaukeln und Schwingen[14]
- große Kartons
- Materialien zum Transportieren, Gegenstände zum Ziehen (z. B. Autos)
- Kastanien, Korken, Schaum, Bällebäder, Schaumstoffwürfel, Bauklötze
- Hängeschaukeln, Hängeleitern (Vorsicht bei Hängematten: Kinder können sich in den Aufhängungen verhaken, Sicherheitsvorschriften beachten!)
- Kisten, Matratzen, Spiegeldreieck (Spiegelhaus), Sprossendreieck[15]
- kleine Klettergerüste oder Rutschen

- Für den Bewegungsbereich sollten variable Möbel angeschafft werden.
- Teppiche sollten ein Gütesiegel aufweisen und formaldehydfrei sein.
- Wände möglichst nicht dekorieren bzw. nur mit unterstützenden Symbolen versehen: z. B. Fotos von turnenden Kindern.

13 von der Beek, Angelika: Bildungsräume für Kinder von Null bis Drei, S. 38
14 ebd., S. 83
15 Wiese, Marie / von Allwörden, Margret: Vorbereitete Umgebung für Babys und kleine Kinder, S. 14

- Einrichtung einer 2. Ebene (Sicherheitsvorschriften einhalten).
- **Vorsicht:** Zweijährige Kinder sind „kopflastig“, d. h. ihr Kopf verfügt über ein großes Gewicht. Sie stürzen leicht vornüber, besonders, wenn sie in Bewegung sind.
- Decken oder Kissen nur unter Aufsicht einer Mitarbeiterin zum Spielen benutzen.
- Spiel unter den Tischen ermöglichen, z. B. durch Tischhussen.
- Tennisbälle können aufgeschlitzt und über Tisch- und Stuhlbeine gestülpt werden. Tische und Stühle können so von den Kindern leicht verschoben werden.
- Alte Etagenbetten zur 2. Spielebene umfunktionieren, indem die Beine gekürzt werden. Vorsicht: Sicherheitsabstand der Sprossen und Höhe beachten.

Sprach- und Sozialisationsbereich

- Rollenspielbereiche sollten übersichtlich mit einfacher Ausrüstung von alltagsnahen Materialien, wie z. B. echten Küchenutensilien, ausgestattet werden. **Vorsicht:** Auf Kleinteile verzichten!
- Spiegel in allen Arten und Variationen anbieten.
  Vorsicht: Sicherheitsglas einsetzen! Spiegel sollten grundsätzlich eingerahmt sein.
- Einfache Verkleidungsutensilien, wie z. B. Hüte oder größere Kinderkleidung zur Verfügung stellen (Kleidung von 5–6-jährigen Kindern ist leichter an- und auszuziehen).
- Rollenspielbereiche können mit einer 2. Ebene verbunden sein.
- Das alleinige und gemeinsame Spiel im Raum und mit den verschiedenen Materialangeboten ermöglichen. Das Teilen fällt den Kindern noch schwer.

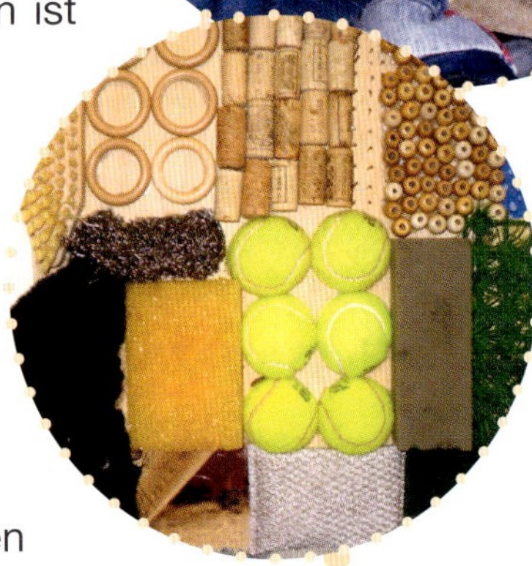

Kreativitätsschulung / Sinnesschulung

- Der Einsatz von Spiegeln (an Türen, Wänden, in Waschräumen) bietet sich an. **Vorsicht:** Sicherheitsglas einsetzen! Spiegel sollten grundsätzlich eingerahmt sein.
- Wahrnehmung schulen durch Fühlsäckchen und Kissen, durch ein Bällebad, Sand- und Wasserspielbereiche, durch eine Musik- und Instrumentenecke, durch eine Tastwand.

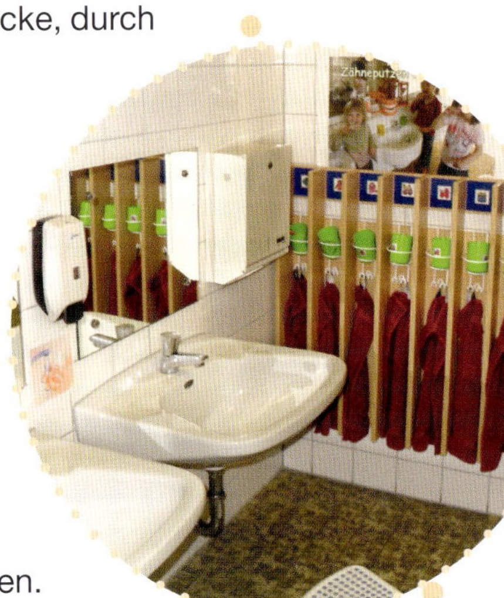

Bodenzeiten

- Einsatz von vielen Teppichen (auf das Gütesiegel achten, keine Schlingenware), Farb- und Strukturnuancen beachten.
- Ein kleiner Teppich für jedes Kind oder ein Sitzkissen für Rituale und Kreisspiele bietet sich an.
- Freie Flächen sind wichtig, um den Ideen und der Fantasie der Kinder Raum zu geben.

Pflegebereich

- Die Kinder sollten eigenständig auf den Wickeltisch hochklettern können. Maße: Mindesttiefe von 80 cm, mit Duschtasse. Leisten zum Darüberklettern sollten vermieden werden.
- Ein Wickelplan muss mit den Mitarbeiterinnen erstellt werden.

- Angenehmes Licht ist sehr wichtig für das Wohlbefinden des Kindes. Die Raumtemperatur sollte mindestens 24 °C betragen, auf frische Luft / Lüftung achten, aber Zugluft vermeiden.
- Direkter Zugang zu warmem Wasser muss gegeben sein.
- Für benutzte Windeln eignet sich ein Windeltwister.
- Jedes Kind verfügt über eine eigene gekennzeichnete Schublade mit den persönlichen Pflegeutensilien.
- Eine große Schublade mit vielen Handtüchern füllen.
- Es bietet sich an, über dem Wickeltisch einen Spiegel anzubringen. Dieser ist für die Kinder viel interessanter als jedes Mobile.
- Toiletten und Waschbecken mit kleinen Hockern versehen.
- Hygienische Bedingungen für das Personal beachten: Einmalhandschuhe sowie Desinfektionsmittel bereitstellen.
- Flüssige Seife für den Umgang mit Kindern vermeiden: Es besteht Vergiftungsgefahr!
- **Vorsicht** bei Regalen: Kinder dürfen von herunterfallenden Gegenständen, z. B. Cremedosen ..., nicht verletzt werden.

Ruhe- und Schlafinseln

- Ausgewiesene Schlafräume mit einem gekennzeichneten Bett für jedes Kind einrichten. Kleine kuschelige Räume laden eher zum Schlafen ein als helle, weite Räume.
- Variable Beleuchtung installieren. Die Raumtemperatur im Schlafbereich sollte ca. 18 °C betragen. Auf neutrale Gerüche achten sowie Lärmbelästigung vorbeugen.
- Ein Muss ist das Babyfon.
- Eine Ablage für die Schlafanzüge einrichten.
- Jedes Kind verfügt über einen Schlafsack. (Hinweis: Auf Wärmflaschen oder Körnerkissen verzichten. Es besteht die Gefahr, dass die Kinder schnell überhitzen.)
- Der Schlafsack kann von zu Hause mitgebracht werden, dies fördert die Individualität und bietet bekannte Gerüche.
- Rucksäcke an der Wand befestigen zur Aufbewahrung der Schlafwäsche.
- Liegeflächen auch für mehrere Kinder anbieten.
- Über dem Bett kann ein Foto der Familie angebracht werden. Ein Puppenbett mit dem Kuscheltier des Kindes kann neben dem Bett stehen.
- Bereiche müssen auch mit der pädagogischen Mitarbeiterin (zum Kuscheln) nutzbar sein.
- Zu starke visuelle Reize vermeiden, z. B. durch Snoezelmaterialien.[16]
- Auf die Einschlafrituale der Kinder sollte die Erzieherin eingehen.
- Ruhezone, auch im Gruppenraum, durch Kuschelinsel, Couch oder Ähnliches ermöglichen (Kuschelhöhlen oder Kuschelzelte sind z. B. bei Ikea erhältlich), Matratzenfeld einrichten.

16 von der Beek, Angelika: Kinderräume bilden, S. 87

Mahlzeitenbereich

- Dieser Bereich sollte sich an zentraler und doch ruhiger Stelle befinden; Kinder müssen den Beobachterstandpunkt einnehmen können.
- Ein freies Frühstück sollte über einen längeren Zeitraum am Tag angeboten werden. Zweijährige Kinder haben einen sehr hohen Energiebedarf und dürfen auch zwischendurch mehrmals naschen. Nicht auf das Aufessen der Nahrung bestehen.
- Erreichbarkeit aller Dinge für die Kinder ermöglichen, um Selbstständigkeit zu fördern.
- Richtiges Geschirr und Besteck nehmen. Auf rutschfeste Unterlagen / Platzsets achten (Autonomiestreben der Kinder unterstützen).
- **Vorsicht:** Bei elektrischen Geräten, wie z. B. dem Toaster, besteht Verbrennungsgefahr.
- Ein Wasserbereich muss vorhanden sein. Putzeimer, Tücher zum Wischen immer in erreichbarer Nähe bereithalten.
- Luft, Licht und Temperatureinfluss beachten.

Bereich für Rituale und Besonderheiten

- Einen Bereich im Gruppenraum freilassen für den Morgen- oder Schlusskreis.
- Notrufnummern müssen für alle Mitarbeiterinnen zugänglich gemacht werden.
- Brandschutz / Brandschutzplan beachten (z. B. keine Lichterketten in der Nähe von Taftstoffen …).

Außengelände

- Einen extra Spielbereich für die Zweijährigen anbieten. Die Kinder sollten auch Sitzmöglichkeiten bekommen, z. B. am Sandkasten.
- Rutschen und Kletterbereiche durch eine Einfriedung sichern.
- Sand-, Rasen-, Platten-, Erdflächen anbieten.
- Nestschaukel sowie niedrige Klettergerüste einrichten.
- Eine Wasserspielfläche sollte vorhanden sein.
- Schattenbereiche anbieten und Sonneneinfluss beachten.
- Bepflanzung des Außengeländes nur mit ungiftigen, stachellosen Bäumen und Sträuchern.

Das 1 x 1 der ergänzenden, kostenneutralen Materialien

Raum für Bewegung:
Wippe, Liegeschale, Bettlaken mit Luftballons füllen, aus CDs Kreisel herstellen, Hängematten (auf Sicherheitsbestimmungen achten), Bälle in allen Größen und mit verschiedenen Oberflächen, Bällebad mit Plastikbällen / Kastanien, Teppichfliesen (jedes Kind verfügt über eine eigene Teppichfliese), große Kartons, alte Plastikeimer, Wäschekörbe …

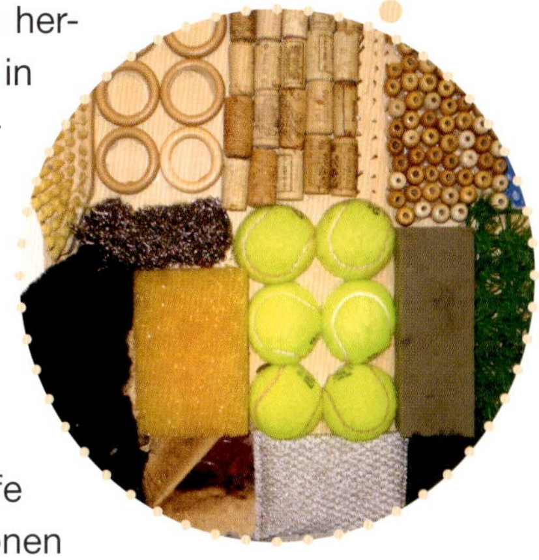

Raum für Sprache:
Rollenspielbereich anbieten, eigenes Bilderbuch mit Fotos vom Kind / von den Familien / von den anderen Kindern, viele Erlebnisse fotografieren und Kindern durch Fotoalben zugänglich machen, alte Töpfe und Pfannen (Kontakt mit Warenhäusern aufnehmen, die Tauschaktionen anbieten), alte Computertastatur, Brillengestelle, Wäscheklammern aus Holz, ausgediente kleine Lederhandtaschen oder Geldbörsen, Kehrblech und Handfeger, alte und gespülte Verpackungen (z. B. Margarinendosen, Milchtüten, Kaffeedosen …), alte Hüte und andere Verkleidungsstücke aus Baumwolle …

Raum für Wahrnehmung:
Sandbecken mit verschiedenen Sieben und Trichtern, Kiste mit verschiedenen kleinen Stoffresten (ca. 80 cm x 80 cm), wie z. B. Fell, Cord, Samt … Toilettenrollen zum Verpacken und große Kartons zum Verstecken, große Magnete, Steckpuzzle, Behälter mit Schraubverschlüssen, große Knöpfe, Gardinenringe, Dosen und Deckel in verschiedenen Größen, Tütenkasperl basteln, Wahrnehmungswand …

Raum für die Förderung von Alltagskompetenzen:
Tücher oder kleine, alte Taschen zum Transportieren von Gegenständen, Schachteln mit Gegenständen zum Ein- und Auspacken, Wäscheklammern, Klettverschlüsse und Reißverschlüsse, alte Schlösser und deren Schlüssel, Kleidung zum An- und Ausziehen im Rollenspielbereich, echte Küchenutensilien (Siebe, Schneebesen, Töpfe und Deckel, PET-Flaschen) …

Raum für Objekte:
Russische Steckpüppchen, Murmelbahnen aus Toilettenrollen an der Wand, Sandbecken mit Gegenständen zum Verbuddeln, große Dosen mit verschiedenen Öffnungen (Kreuzschlitz, runde Öffnung, einfacher Schlitz), Tennisball aufschlitzen (um Sachen darin zu verstecken) …

Eltern-Mitarbeit in der Kindertagesstätte

Grundsatz: Zweijährige Kinder nicht aus den Armen der Eltern entgegennehmen, sondern zum größtmöglichen Wohlbefinden der Kinder von den Eltern geben lassen.

Die professionelle Einbindung der Erziehungsberechtigten durch Informationen, Gespräche und partnerschaftliche Beteiligung gewinnt in der heutigen Erziehungspartnerschaft zwischen Eltern und Erzieherinnen immer mehr an Bedeutung.

- Die Betreuung von zweijährigen Kindern in einer Kindertagesstätte ist noch so neu, dass Eltern sich nicht auf eigene Erlebnisse berufen können.
- Unterschiedliche Betreuungsangebote, wie z. B. altershomogene, jahrgangsübergreifende Gruppen oder andere Altersstrukturen, tragen zur Verunsicherung bei.
- Die Familienstrukturen von Eltern (Patchwork-Familien, alleinerziehende Mütter und Väter) oder die Wünsche an Betreuungszeiten verändern sich gravierend. Die Kindertageseinrichtung soll den Wunsch nach Berufstätigkeit ebenso unterstützen, wie das bestmögliche Bildungsangebot für die Kinder und das seelische und körperliche Wohlbefinden der Kinder sichern. Diese berechtigten Ansprüche gelten natürlich nicht nur für das erste, sondern für alle Kindergartenjahre.
- Eltern sind Fachfrauen und Fachmänner ihrer Kinder und deren bisherigen Lebens- und Entwicklungserfahrungen. Sie gehören daher als partnerschaftliche Beratung mit zur Konzeption einer jeden Kindertageseinrichtung.
- Zweijährige Kinder verfügen noch nicht über die Möglichkeit des sprachlichen Austausches. Zu ihrem Wohlbefinden ist ein erweiterter Gesprächsbedarf zwischen allen Erziehungsberechtigten notwendig.
- Die Kommunikation zwischen Eltern und Erzieherinnen fördert die Transparenz der pädagogischen Arbeit, sie sichert die Zufriedenheit der Eltern und spiegelt die Professionalität der Mitarbeiterinnen. Sie gewährt den Außenstehenden einen Blick in den Alltag.
- Zudem beugt eine transparente Gesprächsführung auch einer latenten Eifersucht von Eltern vor, da Erzieherinnen erste Leistungen, wie z. B. den ersten Gang auf die Toilette, erste Worte oder Erlebnisse, die sonst den Bezugspersonen vorbehalten gewesen wären, erleben.
- Wissenschaftliche Untersuchungen haben ergeben, dass nicht die außerfamiliäre Erziehung zu Problemen führen kann, sondern die Art und Weise, wie Erziehungsberechtigte und Pädagogen die kindlichen Übergänge gestalten.
- Fazit: **Für die Kindertageseinrichtung ist die Konzeption der Elternarbeit ein „Fenster zur Öffentlichkeit".**

Daher gilt für die Betreuung in der Nestgruppe:
Zweijährige Kinder nicht aus den Armen der Eltern entgegennehmen, sondern zum größtmöglichen Wohlbefinden der Kinder von den Eltern geben lassen.

Checkliste für das Anmeldegespräch

Motto: „Der erste Eindruck ist immer der beste."

(Keine Anmeldegespräche / Hospitationen in den ersten sechs Wochen eines Kindergartenjahres)

Terminabsprache im Sinne der Familie / der Einrichtung	• den Termin möglichst auf den Vormittag legen • Wünsche der Eltern so gut wie möglich berücksichtigen • Eltern das Zeitvolumen von 1 ½ Std. nennen • während des Gespräches Störungen von außen vermeiden • Telefonnummer der Eltern notieren, um, falls notwendig, den Termin verschieben zu können
Vorbereitung	• Aufnahmeunterlagen • Konzept- und Informationsmaterialien • Beitragstabelle • Platz in der Nestgruppe vorbereiten, ohne dass die Kinder oder das Besucherkind benachteiligt werden • fünf Minuten vor dem Gespräch die bisherige Tätigkeit unterbrechen, Willkommen signalisieren, Kopf freihaben
1. Phase Begrüßung	• Begrüßung im Büro oder im Elterncafé • Vorstellung der eigenen Person • Ablauf der Anmeldung schildern • Informationswünsche der Eltern ermitteln und darauf eingehen • Einverständnis für den Ablauf des Gespräches von den Eltern einholen • Rahmenbedingungen der Einrichtung erläutern (Größe, Öffnungszeiten, Träger, Mitarbeiterschlüssel allgemein und speziell für die Nestgruppe) • Gruppenstrukturen, das Leitbild der Einrichtung / das Kurzkonzept der Nestgruppe vorstellen
2. Phase Hospitation in der Gruppe Räume und Materialien beschreiben	• Strukturen der Räumlichkeiten und Materialauswahl abgestimmt auf die Entwicklungsphasen von zweijährigen Kindern an Beispielen erklären • Erläuterung der Dekoration: so wenig wie möglich, um Reizüberflutung zu vermeiden

Bildungsbereiche vorstellen
Körperwahrnehmung
 	
Bewegung
	
	• individuelle Förderung der Kinder in Pflegezeiten durch die Eins-zu-eins-Betreuung und die intime Atmosphäre
	• Ruhephasen, Ruhezonen
	
	• Bewegungsmöglichkeiten im Innen- und Außenbereich:
	  • 2. Ebene
	  • Bewegungsraum
	  • Bodenzeiten festlegen
	  • angeleitete Bewegungsangebote

Sprache	• Die Erzieherin ist das sprachliche Vorbild. • Alle Tätigkeiten werden sprachlich gespiegelt. • viele Wiederholungen im Morgen- und Mittelkreis
Soziale Kompetenzen	• große Spielbereiche • viele Materialien • Bereiche zum „Miteinander“ und „Nebeneinander“ • die Erzieherin als Vorbild • immer wiederkehrende Regeln und Rituale
Emotionale Kompetenzen	• sichere Bezugspersonen • Rituale und Grenzen einhalten • Tagesrhythmus vorgeben • sanfter Übergang vom Elternhaus zum Kindergarten • „Tröster“ vorstellen (z. B. Fotoalbum der Familie)
Tagesablauf vorstellen (s. S. 54)	• Morgenkreis • Mittelkreis • Außengelände • Abschlusskreis • Mittagessen • Ruhephasen • Nachmittag
Jahreskreislauf vorstellen	• Schnuppertage • „Hilfe, die Zweijährigen kommen!“ – 1. Monat • „Windelalarm!“ – 2. Monat • „Ich kann das schon!“ – 3. – 9. Monat • „Wir können das!“ – 10. – 11. Monat • „Und tschüss!“ – 12. Monat (Integration / Übergang in die nächsten Gruppen)
3. Phase Elternarbeit	• Strukturen zum Übergang vom Elternhaus in den Kindergarten erläutern • Berliner Eingewöhnungsmodell vorstellen (s. S. 33) • Elternangebote im Jahreskreislauf ansprechen • anlassfreie Entwicklungsgespräche erwähnen • späteren Übergang von der Nestgruppe in die altersgemischten Gruppen erläutern
Anmeldemodalitäten	• Formalitäten für die Anmeldung • Aufnahmekriterien erläutern
Weitere Informationen	• Beiträge • Versicherung

Zwischendurch immer die Fragen der Eltern beantworten.
Bei der Verabschiedung den Eltern das Informationsmaterial überreichen.

Strukturen für einen Elternabend / Informationsabend für Eltern, deren Kinder ab Sommer die Nestgruppe besuchen

Stufe	**1**	**2**
Ziel	Mit einer freundlichen Begrüßung das Vertrauen der Eltern gewinnen, Rückfragen von Eltern aufnehmen; einen guten Einstieg schaffen.	Kennenlernrunde: Vorstellung der Eltern und ihrer Kinder
Begründung	Optimale Information beugt Unsicherheiten der Eltern vor, gleichzeitig sollte darauf geachtet werden, dass alle Wünsche der Eltern berücksichtigt werden.	Förderung der intensiven Zusammenarbeit
Methode	Rundgespräch	Puzzlespiel
Durchführung	• Begrüßung / Dank des Erscheinens • Vorstellung der pädagogischen Mitarbeiterinnen • den Ablauf des Abends kurz vorstellen • „Haben Sie Fragen mitgebracht? Ich würde mich freuen, wenn Sie diese nennen. Am Schluss können wir klären, ob alle Erwartungen auch erfüllt worden sind.“ • Fragen auf ein Plakat schreiben lassen; alternativ Kärtchen auf Tische legen und Eltern bitten, ihre Fragen auf ein Kärtchen zu schreiben. • Mitarbeiterinnen sammeln die Kärtchen ein und sortieren sie nach Oberbegriffen (= clustern).	• Jeder Elternteil erhält ein großes Puzzlestück und notiert kurz die Charakteristika, z. B. die Stärken, seines Kindes. (Evtl. einen Elternteil, den man schon kennt, bitten zu beginnen. Das erleichtert den Einstieg.) • Kindliche Stärken kurz vorstellen und Puzzleteile aufkleben – das Ganze ergibt ein Gruppenpuzzle und kann später mit Fotos von den Kindern im Gruppenraum aufgehängt werden. Puzzleteil in die Bildungsdokumentation der Kinder heften
Material	• Raumvorbereitung: Sitzordnung – alle sollten die Referentin sehen können, kleinen Tisch mit Gläsern und Wasser für die Pause vorbereiten • Stifte, Plakate, Kärtchen, Klebeband, Beamer bereithalten	• große Blätter mit je einem Puzzleteil, Stifte
Zeit	10 – 15 Minuten	20 Minuten
Verantwortung	Leitung	Leitung / Gruppenleitung

Stufe	**3**	**4**
Ziel	Vorstellung des Übergangs vom Elternhaus in den Kindergarten anhand des Berliner Eingewöhnungsmodells; dessen Bedeutung für die Sicherheit der Kinder verdeutlichen	Ausblick auf die weitere Gestaltung der pädagogischen Arbeit während des Jahres in der Nestgruppe
Begründung	Informationen sichern das Verständnis und die Bereitschaft der Eltern, gemeinsam mit den Erzieherinnen für das Kind zu arbeiten.	den Eltern zeigen, welche psychischen und physischen Leistungen ihre Kinder in der Nestgruppe erbringen können
Methode	z. B. PowerPoint-Präsentation	z. B. PowerPoint-Präsentation

Durchführung	Anhand der PowerPoint-Präsentation oder des vorbereiteten Referats das Berliner Eingewöhnungsmodell erklären unter Aufführung der:
	• Erlebnisse für die Kinder
	• Aufgaben der Bezugspersonen
	• Aufgaben der Erzieherin
	• Einschätzung der Zeit
	(s. ab S. 33)
	
	Fragen von Eltern aufnehmen
		Präsentation des Jahreskreislaufes:
		• „Hilfe, die Zweijährigen kommen!“ – 1. Monat (Eingewöhnung)
		• „Windelalarm!“ – 2. Monat
		• „Ich kann das schon!“ – 3. – 9. Monat
		• „Wir können das!“ – 10. – 11. Monat
		• „Und tschüss!“ – 12. Monat (Integration in andere Gruppen)
		
		• Präsentation des Tagesablaufes:
		  • Morgenkreis
		  • Mittelkreis
		  • Außengelände
		  • Abschlusskreis
		  • Mittagessen
		  • Ruhephase
		  • Nachmittag
		(s. S. 54)
		Fragen von Eltern aufnehmen

Material	Beamer, Referatsunterlagen, Moderationskarten	Beamer, Referatsunterlagen, Moderationskarten
Zeit	20 – 30 Minuten	20 Minuten
Verantwortung	Leitung	wechselnde Moderation aller teilnehmenden Mitarbeiterinnen

! Nach Stufe 3 sollte eine Pause / freie Zeit angeboten werden.

Stufe	**5**	**6**
Ziel	Durch die Elternfragen die Zufriedenheit und Partizipation der Eltern sichern.	Abschluss finden, Aufnahmeunterlagen weiterreichen, persönliche Termine für das Begrüßungsgespräch festlegen; Ausblick auf weitere Informationen geben
Begründung	Mit Hilfe dieser Transparenz wird der Vertrauensaufbau zu den Eltern gesichert, die Erzieherinnen erhalten die emotionale und rationale Bestätigung der Eltern.	Absicherung administrativer Vorgänge, den Eltern eine Leitlinie für die Zukunft vorgeben
Methode	Rundgespräch	Kleingruppenarbeit
Durchführung	• Fragen von Stufe 1 in den Mittelpunkt stellen und Kärtchen abhaken, wenn die Fragestellung über den Abend beantwortet wurde • noch übriggebliebene Fragen beantworten	• Dank für die Teilnahme • Ankündigung des nächsten Infoabends im Zeitraum von … bis … zum Thema „Bildung von zweijährigen Kindern" • Vereinbarung der Begrüßungsgespräche mit den Kolleginnen • Verträge austeilen
Material	Kärtchen, Stift	Verträge, Stifte, Zettel, evtl. Buttons mit dem Gruppenlogo für die Kinder
Zeit	5–10 Minuten	10 Minuten
Verantwortung	Leitung	Leitung / pädagogische Mitarbeiterinnen

Der Übergang vom Elternhaus in den Kindergarten

Das Lernen und Entfalten von Fähigkeiten und Fertigkeiten gelingt dem Menschen dort am besten, wo Beziehungen stimmen. Sei es am eigenen Arbeitsplatz, in einer Partnerschaft oder sogar in einer Nestgruppe von zweijährigen Kindern.
Während Erwachsene aufgrund ihres Wissens und ihrer Erfahrungen mit Krisen rational und sich gegenseitig unterstützend umgehen könn(t)en, steht diese kognitive Fähigkeit den zweijährigen Kindern nicht zur Verfügung. Ihre emotionale und geistige Entwicklung befindet sich in den Anfängen, da die ersten beiden Lebensjahre der Sicherung der gesundheitlichen und körperlichen Reifung dienen. Nun erweitert sich das Lebensumfeld und die Lebenserfahrung der Kinder und sie bedürfen einer sicheren Bindung, um mit Kraft neue Beziehungen aufbauen zu können. Wer kann da besser helfen als die bisherigen Bezugspersonen? Gemeinsam mit den neuen Bezugspersonen, den Erzieherinnen der Nestgruppe, kann die Betreuung der Zweijährigen optimiert werden.

Durch sichere Bindungen neue Beziehungen aufbauen.

Warum ein sensibler und einfühlsamer Übergang zwischen Elternhaus und Kindergarten so wichtig ist:

1. Eltern sind die „Fachfrauen und Fachmänner“ ihrer Kinder. Sie haben die Entwicklung und Bildung ihrer Kinder mit allen Erlebnissen, Glücksmomenten oder auch Sorgen, erlebt. Nun geben sie ihre Kinder in andere Hände und müssen Vertrauen in die Betreuung von Erzieherinnen haben. Jedes Unwohlsein, Sorgen oder Misstrauen – so gut sie es auch vor den Kindern zu verbergen versuchen – spüren die Kinder. Daher gilt für uns: **Je sicherer die Eltern sich fühlen, desto sicherer leben und lernen ihre Kinder in unserer Einrichtung.**

2. Störungen haben immer Vorrang. Krisen, Ängste oder Veränderungen müssen erst bewältigt werden, bevor der Mensch etwas Neues erleben oder lernen kann. Stress am Arbeitsplatz belastet immer die Qualität und Quantität der Arbeit. Die Angst vor dem Lehrer oder der Prüfung führt niemals zu einer guten Note. Dabei können wir Erwachsene uns sprachlich „Luft“ verschaffen. Zweijährige Kinder können sich nicht mitteilen und wissen noch nicht um mögliche Lösungen. Daher kann ein Wohlbefinden und ein „Lernen“, d. h. die kognitive Weiterentwicklung der Kinder, erst dann beginnen, wenn die Krise „Übergang Elternhaus – Kindergarten“ abgeschlossen ist. Mit Unterstützung der bisherigen Bezugspersonen gelingt es natürlich schneller, diese „Brücke“ zu bauen. Die Kinder sind offen für neue Spiele, Eindrücke und die Weiterentwicklung ihrer bisherigen Fähigkeiten und Fertigkeiten.
   In der Übergangsphase stagniert die Entwicklung. Bei einem schwierigen Übergang sind Kinder noch Monate später empfänglicher für Infektionskrankheiten oder Entwicklungsrückschritte. Zudem können sie Ängste und Störungen entwickeln.

3. Im Alter bis zu drei Jahren beginnen die Kinder, sich selbst zu entdecken. Bisher sprachen sie von sich in der dritten Person, jetzt treten die Wörter **„ich“** und **„meins“** an diese Stelle. Die Kinder entdecken ihre eigene Person und damit auch die Ambivalenz zwischen dem eigenen Willen und der Abhängigkeit von anderen Menschen. Sie sind

sowohl neugierig als auch unsicher, da sie gleichzeitig nach Freiraum streben, aber auch nach Sicherheit und Grenzen suchen.
Die Kinder testen ihre Wirkungskraft (ich **will** etwas bewegen), brauchen aber auch Rahmenbedingungen und Grenzen, um sicher zu leben.
Diesen inneren Konflikt erleben Eltern und Erzieherinnen in der sogenannten **„Trotzphase“.** In dieser Phase wird der Grundstein gelegt für spätere Beziehungen, Freundschaften und Partnerschaften.
Die größte Unterstützung bietet hier wiederum die Beziehung zu den Eltern und die Zusammenarbeit aller an der Erziehung Beteiligten.

4. Zweijährige Kinder können Kontakte und Beziehungen zu Gegenständen und Personen nur dann aufnehmen und halten, wenn ihnen ein realer visueller Kontakt ermöglicht wird. Gehen Personen aus der Tür oder werden Gegenstände versteckt, so sind sie für die Kinder verschwunden, da das Vorstellungsvermögen im räumlichen Denken und in der Gedächtnisleistung noch nicht verankert ist. Ist die Mutter verschwunden, so setzt eine Verlustangst ein. Haben Sie schon einmal ein Kuscheltier Ihres Kindes verloren und es aufgrund der Reaktion Ihres Kindes lange gesucht? Konnten Sie Ihr Kind trösten? Dann gibt Ihnen diese Erfahrung ein ungefähres Vorstellungsvermögen, was im Inneren Ihres Kindes passiert. Kinder benötigen Zeit für Übergänge: Je jünger das Kind, desto mehr Zeit bedarf es zur Sicherung des Wohlbefindens. Zweijährige Kinder gewöhnen sich mit größtmöglicher Unterstützung der Eltern / Bezugspersonen gut an ein neues Umfeld. Neue Beziehungen können mit deren Hilfe geknüpft werden. So werden die Kinder für alle weiteren Entdeckungsschritte gestärkt.

Zeit für Übergänge schaffen.

5. Die sozialen Fähigkeiten von Menschen finden ihren Mittelpunkt und ihre Basis ca. im Alter von drei Jahren – in der sogenannten **„sensiblen Phase“.** Alle Erfahrungen – positiver wie negativer Art und Weise – werden unbewusst gespeichert und prägen die Weiterentwicklung der individuellen Persönlichkeit. Vertrauen in die eigenen Fähigkeiten und in die Kooperation mit anderen Personen werden in diesem Zeitraum gefestigt. Störungen und Enttäuschungen prägen den Menschen auf lange Sicht negativ – ebenso wie Erfolge, Liebe, Zutrauen und Vertrauen auf lange Sicht die Kinder stärken.

Diese Grundüberlegungen zeigen, von welcher Bedeutung ein behutsamer Übergang zwischen Elternhaus und Kindergarten sein kann.

Raster / Ergebnisprotokoll für das Begrüßungsgespräch zwischen der Erzieherin und den Erziehungsberechtigten

Vorbereitung
- Den Raum vorbereiten, in dem das Gespräch stattfindet: Für Ordnung, Frischluft und eine schöne Atmosphäre sorgen, Schild an die Tür hängen: „Elterngespräch – bitte nicht stören!“
- Materialien: Getränke, Stifte, Papier, Gesprächsraster für die Eltern zum Einsehen, Informationsmaterialien über das Berliner Eingewöhnungsmodell, Checkliste für den 1. Kindergartentag (s. S. 32)

Begrüßung
- „Herzlich Willkommen“

Anlass des Gespräches
Durch die Ermittlung von Vorlieben und Abneigungen des Kindes können wir unser Ziel gemeinsam erreichen, nämlich: **das größtmögliche Wohlbefinden der Familie.**
Die Unterstützung von Seiten der Eltern ist von großer Bedeutung, da sich das Kind selbst sprachlich noch nicht genügend ausdrücken kann.

Gesprächsraster und Zeitplan des Gespräches vorstellen
1. Gesundheitliche und bisherige Entwicklung des Kindes
2. Soziale Erfahrungen
3. Individuelle Vorlieben und Abneigungen des Kindes
4. Übergang vom Elternhaus in den Kindergarten

Zeit: ca. 1 Stunde

Fragen, Wünsche oder Anregungen der Eltern aufnehmen.
Einverständnis über den Ablauf des Gespräches von den Eltern einholen.

Abschluss des Gespräches
Checkliste für den ersten Kindergartentag vorstellen (s. S. 32).

Das nächste anlassfreie Elterngespräch ist im Zeitraum von ______________

bis ______________ .

Kind: ______________________ Datum: ____________

Erziehungsberechtigter: ______________________

Erzieherin: ______________________

Stempel der Einrichtung

Gesundheit des Kindes	Sind während der Schwangerschaft, Geburt oder bei den bisherigen Voruntersuchungen Ergebnisse / Empfindlichkeiten festgestellt worden, die Einfluss auf den Besuch des Kindergartens haben könnten? (z. B. Durchfall / Verstopfung; viele Erkältungskrankheiten; Fieberkrämpfe; Entwicklungsauffälligkeiten; Unter- / Übergewicht …) ______________________ ______________________ ______________________ Hat Ihr Kind Allergien gegen bestimmte Nahrungsmittel oder Pflegeprodukte, die wir berücksichtigen müssen? ______________________ ______________________ ______________________ Nimmt Ihr Kind regelmäßig Medikamente ein? Wenn ja, welche? ______________________ ______________________
Erinnerung	**Bitte bringen Sie das U-Heft Ihres Kindes am 1. Kindergartentag mit.**
Werteorientierung der Familie	Gibt es religiöse oder ethische Gesichtspunkte, die bei der Pflege oder der Ernährung Ihres Kindes beachtet werden müssen? (z. B. Vegetarier, welche Person darf das Kind wickeln usw.) ______________________ ______________________
Bisherige soziale Erfahrungen des Kindes	Wird Ihr Kind schon außerhalb des Elternhauses betreut? Von wem? Wie lange? Wird die Eingewöhnung Ihres Kindes auch von dieser Person begleitet? Auf welchen Erfahrungen sollen wir aufbauen? ______________________ ______________________ ______________________ ______________________

	Welche anderen Bezugspersonen sind für Ihr Kind noch wichtig? (z. B. Geschwister, Nachbarn, Großeltern, Kinder, die den Kindergarten schon besuchen …) __________ __________ __________ Welche Gruppenerfahrungen hat Ihr Kind bereits gemacht? (z. B. Mutter-Kind-Turnen, Miniclubs, Vorläufergruppen …) __________ __________
Charakteristik des Kindes	Welche Vorlieben hat Ihr Kind? Welche Beschäftigung bevorzugt es? Was kann Ihr Kind schon richtig gut? (bezüglich Sprache, Bewegung, Beziehungen …) __________ __________ __________ Zu welchen Tageszeiten ist Ihr Kind besonders aktiv, aufnahmebereit? __________ __________ Welche Spielmaterialien bevorzugt Ihr Kind? __________ __________ Welche Speisen und Getränke mag Ihr Kind beim Frühstück, Mittagessen, als Snack? __________ __________ __________ __________ Wann hat Ihr Kind Hunger oder bekommt eine Zwischenmahlzeit? __________ __________ Trinkt Ihr Kind noch aus der Flasche? Mit welchem Besteck isst Ihr Kind? __________ __________

Liebt Ihr Kind bestimmte Kuschelmaterialien, Beruhigungsutensilien (Schnuller, Schnuffeltuch usw.), die für die erste Zeit wichtig sein könnten?

Welche Kleidungsstücke kann Ihr Kind schon an- oder ausziehen?

Gibt es beim Wickeln Rituale / Vorgänge, die wir beachten müssen?

Gibt es bestimmte Signale, Worte oder Bedeutungen, die wir kennen müssen? (z. B. Gestik, Mimik für Hunger, Müdigkeit …)

Wie beruhigen Sie Ihr Kind? (z. B. durch Körperkontakt, Lieder, Bücher, Rituale …)

Wie schläft oder ruht Ihr Kind gerne? Zu welcher Tageszeit?

Welche Abneigungen gegenüber Materialien, Situationen konnten Sie bisher an Ihrem Kind beobachten?

Gab es bisherige Erlebnisse, die Ihrem Kind Angst gemacht haben? (z. B. Krankenhausaufenthalt, Schockerlebnisse, Umgang mit Tieren …)

Rituale	Gibt es bei Ihnen Rituale bei der Begrüßung Ihres Kindes? __________ __________ Sind Ihnen Rituale beim Abschied von Ihrem Kind bewusst? __________ __________
Erzieherin	Wie können wir Ihr Kind am besten trösten? __________ __________ __________ Welche Rituale für den Abschied empfehlen wir? __________ __________
Übergang vom Elternhaus in den Kindergarten	Welche Wünsche haben Sie, bezogen auf den Übergang vom Elternhaus in den Kindergarten? (für sich selbst, für Ihr Kind, für Begleitpersonen ...) __________ __________ __________
Zeiten	Welche Zeiten für den Übergang in den Kindergarten stehen Ihnen zur Verfügung? (Vor- und / oder Nachmittag) __________ __________
	Weitere Wünsche / Anmerkungen der Eltern an die Erzieherin / an die Einrichtung: __________ __________ __________ __________ __________ __________

Checkliste für den ersten Kindergartentag

Liebe/r ______________________________ ,

liebe Familie ____________________________ !

Wir freuen uns auf dich/Sie!

Dein Zeichen ist

Hier das Symbol/Zeichen des Kindes aufkleben.

Hier ein Foto der Kolleginnen einfügen und die Kolleginnen benennen.

Turnen hast du immer am ______________________ .

Zur Erinnerung für die Eltern

Das müssen Sie mitbringen:

Anziehsachen	Gummistiefel, Regenkleidung, Turnschuhe/Turnkleidung, Hausschuhe, Wechselkleidung (bitte versehen Sie alle Kleidungsstücke mit dem Namen Ihres Kindes). Entfernen Sie aus Kleidungsstücken wie Anoraks, T-Shirts o. Ä. alle langen Bänder und Schnüre.
Für das Wickeln	Pflegemittel, Windeln, Wechselwäsche, Handtücher Bitte beachten Sie auch den Wickelplan im Toilettenbereich.
Zum Schlafen	Bettwäsche, Schlafanzug, Schlafsack und ein Kleidungsstück von den Eltern (aus einem möglichst dünnen Stoff)
„Tröster“	Kuscheltier, Schnuller, Schmusetuch usw.
Unterlagen	Vorsorgeheft (U-Heft) des Kindes und Impfpass (evtl. in Kopie zur Ergänzung der Unterlagen)
Sonstiges	Bitte denken Sie an unsere Schnuppertermine!

____

Datum, Unterschrift/Stempel der Einrichtung

Der erste Monat im Kindergarten

Die Eingewöhnungsphase nach dem Berliner Eingewöhnungsmodell

Ein behutsamer Übergang vom Elternhaus in den Kindergarten bedeutet eine psychische und physische Unterstützung für den weiteren ganzheitlichen Entwicklungsprozess des Kindes.

Was für Pädagogen logisch erscheint, stellt für Eltern Neuland dar. Ihre Kinder waren vielleicht schon bei einer Tagesmutter oder wurden in einem sogenannten „Miniclub" mehrmals pro Woche und für mehrere Stunden betreut. Die bisherige Zufriedenheit und Selbstständigkeit der Kinder beeindruckt die Eltern. Daher liegt ihre Annahme, dass der Wechsel vom Elternhaus zum Kindergarten reibungslos verläuft, nahe und viele der Eltern äußern ein Unverständnis über die Länge und Intensität der Eingliederung ihrer Kinder in den Kindergarten.

Zusätzlich können die Beobachtungen und Empfindungen der Eltern in der Nestgruppe auch für Diskussionsbedarf und Unruhe zwischen Eltern und Erzieherinnen sorgen. Eltern zweifeln daran, ob die Eingliederung wirklich so zeitintensiv ablaufen muss: „Mein Kind spielt, braucht mich nicht und ich sitze hier herum, obwohl zu Hause so viel Arbeit auf mich wartet."

Auch die angeblich beobachtete „Untätigkeit" der Erzieherin kann aufgrund mangelnder Informationen zu dieser Unruhe beitragen: „Sie kümmert sich ja nicht um mein Kind. Kann sie mein Kind nicht zum Spielen motivieren und überreden, auf den Arm nehmen?"

Unstimmigkeiten durch klaren Informationsaustausch vermeiden.

Diese unnötigen und negativen Auseinandersetzungen, die Zeit und Energie kosten, können durch die Kommunikation rund um das Berliner Eingewöhnungsmodell im Vorfeld „eingespart" werden. Das „Berliner Eingewöhnungsmodell" ist sowohl durch eigene Erfahrung als auch wissenschaftlich fundiert. Wir haben das Modell als Basisorientierung verwendet, es jedoch um eine Stufe (die „Abschlussphase") erweitert. Die einzelnen Phasen wurden wie folgt strukturiert:

A) Erlebnisse des Kindes
B) Aufgaben der Bezugsperson
C) Aufgaben der Erzieherin
D) Unterstützende Raumgestaltung
E) Ergänzendes Materialangebot
F) Tagesablauf

Der Übergang vom Elternhaus in den Kindergarten ist eine große Herausforderung für alle Beteiligten, insbesondere für das zweijährige Kind. Daher empfehlen wir eine intensive Begrüßungsphase mit den Eltern. Wir als Betreuerinnen benötigen Informationen von den Eltern über das Kind. Während der Eingewöhnung bleibt nicht viel Zeit zu intensiven Gesprächen, da die Kinder alle Aufmerksamkeit der Erwachsenen beanspruchen.

Eingewöhnung
im Kindergarten

Das **Familien-Fotobuch** als **„Tröster“**

Berliner Eingewöhnungsmodell

1. Phase: „Grundphase“ – Orientierung / Kennenlernen der Einrichtung und der Personen
Motto: „Gehen, wenn es am schönsten ist.“
Ziele: a) Sicherheit und Wohlbefinden der Kinder fördern.
b) Kinder müssen von sich aus Kontakte zu Personen und Materialien aufnehmen können und dürfen (innere Motivation).

Zeit: 1. Woche, beginnend mit 1 – 2 Std. pro Tag

A) Erlebnisse des Kindes: Bildung	**B) Aufgaben der Bezugsperson: Kinder Kontakt aufnehmen lassen**	**C) Aufgaben der Erzieherin: Kontakte anbieten**
Kinder lernen neue Räumlichkeiten, Personen und Rituale im Kindergarten in Begleitung und mit Unterstützung der Bezugsperson kennen. • Erste Orientierung am Verhalten der Bezugsperson: „Mama auch!“ Kinder bleiben in der Nähe der Bezugsperson, bei Bedürfnissen, Konflikten oder Ängsten ziehen sie sich zur Bezugsperson zurück. • erste Orientierung im Raum der Gruppe, zu Bring- und Abholzeiten Orientierung in der gesamten Einrichtung • erste Orientierung / Kontaktaufnahme zu anderen Personen (Erwachsenen und Kindern) und zu einer ganzen Gruppe • erste Orientierung an Materialien und deren Handhabung	Die Bezugsperson erhält einen bestimmten Platz in der Gruppe und lässt von dort aus das Kind agieren. Sie „bedient“ das Kind nicht, sondern gibt ihm die Sicherheit und den Freiraum, sich selbst zu bewegen. Somit werden Impulse zur selbstsicheren Beschäftigung / Organisation angestoßen. • Sicherheit spiegeln • Eigenaktivität der Kinder stärken • Pflege und Wickeln der Kinder sollte in Begleitung der Erzieherin stattfinden. Die Bezugsperson gibt das Signal: „Hier kommt jemand dazu und ich bin einverstanden.“ • kein Trennungsversuch in den ersten drei Tagen	Die innere Motivation und den Selbstbildungsprozess der Kinder durch geeignete Raum- und Materialvorbereitung stärken. • Freude zeigen, dass die Kinder / Eltern da sind; Begrüßung über die Bezugsperson • beim Sprechen mit den Kindern immer auf ihre Augenhöhe bzw. in die Knie gehen • Stärken und Vorlieben der Kinder berücksichtigen und hierfür geeignete Beschäftigungen anbieten oder vormachen • attraktive Materialien heraussuchen und sich damit beschäftigen; Kinder neugierig auf die Materialien machen und dadurch Kontakte knüpfen

• erste Orientierung an Geräuschen • erste Orientierung an Ritualen und Tagesabläufen (Morgenkreis, Mittelkreis, Abschlusskreis) • erste Orientierung an Regeln und Absprachen ➔ Nach der ersten Orientierung wollen die Kinder nicht nach Hause gehen.	• Nach drei Tagen beschäftigen sich die Eltern allein (mit Zeitunglesen, mit Bastelarbeiten für das Kind oder für die Gruppe). • bei Konflikten / Bedürfnissen die Erzieherin mit einbinden: „Wir fragen mal …“ ➔ „Gehen, wenn es am schönsten ist.“ Den Protest der Kinder aushalten.	• Eigenaktivität / Selbstvertrauen / intrinsische Motivation der Kinder stärken • bei der Pflege des Kindes zuschauen, nach Absprache mit der Mutter dem Kind Pflegeutensilien anreichen oder Vorgänge übernehmen • alle Vorgänge sprachlich begleiten • Kontaktaufnahme mit Distanz: „Darf ich dir etwas zeigen?“ • „Bodenzeiten“: viele Spiele auf Teppichen anbieten • noch keine Schlafenszeit anbieten
D) Unterstützende Raumgestaltung: Einfach und übersichtlich	**E) Ergänzendes Materialangebot: Vorlieben und Abneigungen beachten**	**F) Tagesstruktur**
• für den Aufenthalt der Bezugspersonen einen zentralen Bereich schaffen; sie müssen für die Kinder immer sichtbar bleiben • große Spielbereiche mit Möglichkeiten für: Bewegung, Sprache / Betrachtung, Kreativität, Wahrnehmung … (s. auch „Das 1 x 1 der Ausstattung“, S. 9 ff.) • wenig Dekoration	• Weniger ist mehr! • Materialangebot nach Auswertung der Begrüßungsgespräche bestimmen; beliebt sind Plakate von der Feuerwehr, der Polizei oder vom Spielplatz • Ballkiste, Rutschautos, Knete, Rasierschaum …	• erste Rituale, wie z. B. Begrüßungs- und Verabschiedungsrunde, einführen

	• beliebtes Spielmaterial immer mehrmals vorrätig haben, um bei Konflikten eine schnelle Lösung finden zu können • Tagebuch führen: Lieblingsbeschäftigung / Erlebnisse der Kinder aufschreiben • zur Begrüßungs- / Verabschiedungsrunde evtl. eine Handpuppe einsetzen	

Abschluss der ersten Phase: Das Kind agiert in der Umgebung der Erzieherin und nimmt Kontakt zu ihr auf, lässt sich trösten und wickeln: Stabilisierung der Eingewöhnung (immer dann einleiten, wenn das Kind die Situation meistern kann).

2. Phase: „Orientierungsphase“
Motto: „Weinen kann Stress abbauen.“
Ziele: a) Erster Bindungsversuch zwischen Erzieherin und Kind zur Sicherung der Betreuung in der Kindertagesstätte.
b) Erste Verabschiedung von den Eltern.

Zeit: 2. Woche, nie montags beginnen; Start mit max. 10 Minuten aus dem Raum gehen, während der Woche die Zeit kontinuierlich verlängern.

A) Erlebnisse des Kindes: Bildung	B) Aufgaben der Bezugsperson: Kinder Kontakt aufnehmen lassen	C) Aufgaben der Erzieherin: Kontakte anbieten
• Autonomie erleben • Emotionen erleben und filtern (Stresserfahrungen, Stressbewältigung); Kinder fragen nach der Bezugsperson: „Gleich Mama gehen.“ • Krisen bewältigen, neue Situationen erleben • neue Kontakte aushalten und einfordern, neue Bezugspersonen zulassen und erleben • Zeitabläufe und Rituale kennenlernen und einhalten • das Zusammenleben einer Gruppe erleben und Regeln einhalten • Beobachten von anderen Kindern und Erzieherinnen, Entwicklung von Vorlieben und Abneigungen im Umgang mit anderen Kindern und Erwachsenen	• auf ein vorher abgesprochenes Signal mit der Erzieherin beginnend mit 10 Minuten aus dem Raum gehen, Kleidungsstück / Tasche hinterlassen • Abschiedsrituale vorbereiten: Signal an das Kind geben: „Es ist alles in Ordnung, ich bin mit der Betreuung im Kindergarten einverstanden.“ Immer verabschieden, niemals „herausschleichen“; in der Einrichtung bleiben • Selbstorganisation des Kindes zulassen • Vertrauen in die kindlichen Fähigkeiten haben • sicheres Vertrauen in die Fähigkeiten und Fertigkeiten der Erzieherin haben	• Attraktive Beschäftigung: Material / Raumgestaltung nach den Vorlieben und Stärken der Kinder ausrichten • Bezugsperson freundlich und zeitnah verabschieden; zu lange Gespräche verunsichern die Kinder • die „Tröster“ der Kinder kennen • Körperkontakt pflegen, „bevorzugte“ Erzieherin akzeptieren • Bewegungsmöglichkeiten für die Kinder anbieten • Rituale und Abläufe festlegen und pflegen • Proteste der Kinder aushalten

	• Aushalten von kindlicher Trauer oder von Protest; Weinen kann Stress abbauen und ist gesund • den Kindern ein „Vorbild“ sein	• Ruhe und Gelassenheit zeigen, kreative Lösungsvorschläge anbieten, „locker“ bleiben • gesundheitliches Wohlbefinden des Kindes, wie z. B. Zuneigung, Pflege, Luft, Ruhe … sichern • Regeln und Absprachen durch vorbildliches Verhalten sichern; den Kindern in jeder Hinsicht ein Vorbild sein • Ablenkungsbeschäftigungen für die Eltern anbieten
D) Unterstützende Raumgestaltung	**E) Ergänzendes Materialangebot: Trösten und Anregen**	**F) Tagesablauf**
• Beobachtungsnischen für Eltern • niedrige Schränke • große Spielflächen • Frühstücksbereich / Essbereich bewusst einplanen • Außengelände anbieten	• „Tröster“ zur Hand haben, z. B. Fotoalbum der Kinder oder Kleidungsstück der Eltern • Kuscheltier, Schnuller • beliebte Materialien doppelt zur Verfügung stellen • Notfallliste von den Eltern • für die Eltern Tageszeitung auslegen, Dekoration für den Frühstückstisch, Kaffee oder Tee bereithalten	• Rituale: Begrüßungs- und Verabschiedungsrunde einhalten und ausbauen; Begrüßungs- und Verabschiedungslied immer gleich halten • drinnen und draußen spielen • kontinuierliche Regeln und Absprachen einhalten und einfordern

3. Phase: „Eingewöhnung sichern“
Motto: „Loslassen – Annehmen“
Ziel: Sicherung des gesundheitlichen, emotionalen und geistigen Wohlbefindens des Kindes in der Kindertagesstätte.

Zeit: 3.–4. Woche; Zeitplan für jedes Kind individuell einrichten; Möglichkeiten der Eltern berücksichtigen

A) Erlebnisse des Kindes: Bildung	**B) Aufgaben der Bezugsperson: Verantwortung delegieren; Vertrauen in das Kind und die Erzieherin haben**	**C) Aufgaben der Erzieherin: Übernahme von Bindung und Bildung des Kindes**
Autonomiestreben tritt auf: Intrapersonale Kompetenz = Selbstorganisation Interpersonale Kompetenz = Beziehungspflege • Stresssituationen, Trauer und Konflikte erleben und Lösungen finden • Eigenverantwortung übernehmen • neue Beziehungen erleben und Zu- / Abneigung empfinden • Selbstvertrauen und Fremdvertrauen entwickeln • Rituale, Absprachen, Regeln für eine Gruppe erleben und einhalten können • Körperwahrnehmung erfahren	• nach Absprache für ½ bis 1½ Stunde die Gruppe verlassen • Rituale in Verabschiedung und Begrüßung einhalten und pflegen • Absprachen mit Erzieherinnen und Kind einhalten • Austausch mit der Erzieherin • Trauer oder Protest des Kindes aushalten • telefonische Erreichbarkeit absichern • Notfallbetreuung sichern, falls die Bezugsperson selbst nicht erreichbar ist	• Vorbild sein in Sprache und Verhalten • Bindung der Kinder sichern, Zuneigung durch Körperkontakt, Sprache; die individuellen „Tröster“ kennen • Bildung der Kinder in Körperwahrnehmung, Bewegung und Sprache anbieten • Regeln und Rituale einhalten • Lieblingsspielzeug der Kinder anbieten • entstehende Rituale der Kinder (immer identisches Spiel / Puzzle / Spielort) ernst nehmen und darauf eingehen • Mitarbeiterinnen müssen sich „blind“ verstehen, da es kaum Zeit für Absprachen gibt • hohe Beobachtungsgabe seitens der Erzieherin; Tagebuch führen

		• den Kindern in allen Bereichen des Tagesablaufes als Vorbild und Orientierungshilfe dienen • sich um Raum- und Materialvorbereitung kümmern • individuelle Bedürfnisse der Kinder wahrnehmen und erfüllen können • Pflege und Wohlbefinden der Kinder sichern • bei „Missgeschicken“ der Kinder positiv reagieren und sich verbal ausdrücken, z. B.: „Wir holen jetzt einen Lappen und wischen die Milch weg.“
D) Unterstützende Raumgestaltung	**E) Ergänzendes Materialangebot**	**F) Tagesablauf**
• Kleingruppen zulassen • Nebenräume nutzen • Essbereiche funktionalisieren	• Bildungsboxen – über das Händewaschen, Aufräumen … (s. S. 55) • Putzeimer in erreichbarer Nähe haben • Telefonliste • Tagebuch • Notfalltelefon • Fotos der Eltern in Alltagssituationen	• Rituale pflegen • erster Kontakt mit den Bildungsboxen (s. S. 55) • Mittelkreis mit Bildungsboxen anbieten

4. Phase: „Abschluss der Eingewöhnung“
Motto: „Ich bin angekommen und du kannst gehen.“
Ziele: a) Eigenständige Orientierung in den Räumlichkeiten der Gruppe
b) Akzeptanz der Rituale und des Tagesablaufes

Zeit: 3 – 5 Tage

A) Erlebnisse des Kindes: Bildung	**B) Aufgaben der Bezugsperson: Vertrauen in die Kompetenzen der Kinder**	**C) Aufgaben der Erzieherin: Partnerschaftliches Vorbild**
• soziale Kompetenz: Kontakte zu einer neuen Bezugsperson / Akzeptanz von Regeln und Absprachen, mit der Erzieherin agieren • Erzieherin, die begrüßt, wird oft als Bezugserzieherin für den Tag bevorzugt • Wahrnehmung und Orientierung in den Räumlichkeiten und im Tagesablauf • Das Kind fordert Wiederholungen ein, z. B. mehrmaliges Frühstücken. • Selbstsicherheit / Autonomie: Kinder nehmen eigenständig Materialien an	• liebevolles und zügiges Verabschiedungsritual • für Tröster, Pflegematerialien sorgen • kurze Tür- und Angelgespräche mit den Erzieherinnen • selbstständige Einsicht in den Wickelplan • Informationen über Befindlichkeiten der Kinder immer in Abwesenheit der Kinder mitteilen	• individuelle Begrüßung des Kindes, intensiver Kontakt mit den Kindern; den Eltern nur kurze Aufmerksamkeit widmen • Vorbild sein, bewusst mit Sprache agieren • alle Vorgänge und Begegnungen verbal kommentieren
D) Unterstützende Raumgestaltung	**E) Ergänzendes Materialangebot**	**F) Tagesablauf**
• große Spielbereiche	• Bildungsboxen, Bildungsdokumentation, Digitalkamera • Arbeitsabsprachen / Einsatzplan für die Mitarbeiterinnen	• Morgenkreis / Begrüßung • Mittelkreis • Abschlusskreis und „Tschüss“

Elterngespräch / Anlassfreies Entwicklungsgespräch

Nach 4 – 6 Wochen sollte ein Gespräch zwischen Erzieherin und Eltern / Erziehungsberechtigten stattfinden, in dem die Eingewöhnungsphase noch einmal reflektiert wird.

Vorbereitung

- Den Raum vorbereiten: Für Ordnung, Frischluft und eine schöne Atmosphäre sorgen, Schild an die Tür hängen: „Elterngespräch – bitte nicht stören!“, Telefon delegieren
- Eigenreflexion. Das letzte Protokoll noch einmal durchlesen: „Welche Informationen habe ich über die Eltern? Benötige ich kollegiale Hilfestellungen? Sollte ich meine Sichtweise über das Kind vorher evtl. mit einer Kollegin austauschen? …“
- Materialien: Getränke, Stifte, Papier, Fotos des Kindes, Gruppentagebuch, Entwicklungsdokumentation
- Zeit: ca. 30 Min.

Begrüßung

- „Vielen Dank, dass Sie gekommen sind.“
- Stellen Sie den Ablauf des Gespräches kurz vor und holen Sie das Einverständnis von den Eltern ein.

Kind: ______________________ Datum: ____________

Erziehungsberechtigter: ______________________

Erzieherin: ______________________

Stempel der Einrichtung

Eingewöhnungsphase Fragen an die Eltern	Wie haben Sie Ihr Kind in den letzten Wochen erlebt? Was fanden Sie positiv? ____________________ ____________________ ____________________ Welche Änderungsvorschläge möchten Sie uns machen? ____________________ ____________________
Eingewöhnungsphase Bericht der Erzieherin	Wie haben wir die Eingewöhnung erlebt? Welche Beziehungen haben sich entwickelt? Wer ist die bevorzugte Bezugsperson des Kindes? ____________________ ____________________ ____________________ Was haben wir beim Kind beobachten können? Wie verhält es sich? (z. B. beobachtend, aktiv, eigenständig, orientierungssuchend …) ____________________ ____________________ ____________________
Beobachtungen rund um das Kind Fragen an die Eltern	Hat sich Ihr Kind seit der Aufnahme verändert? (z. B. in Bezug auf den Tagesablauf, auf Schlaf- / Ruhephasen, auf das Essverhalten, auf Kontakte zu Eltern oder anderen Personen …) ____________________ ____________________ ____________________ Veränderungen während der Bringphase: ____________________ ____________________ Veränderungen während der Abholphase: ____________________ ____________________

Beobachtungen rund um das Kind Bericht der Erzieherin	Welche bevorzugten Spielpartner, Spielorte, Spielmaterialien hat das Kind? __________ __________ __________ Gibt es Rituale, die sich im Kindergarten entwickelt haben? __________ __________
Weitere Entwicklung des Kindes Fragen an die Eltern	Haben Sie Wünsche für die weitere Entwicklung / Betreuung Ihres Kindes? (z. B. die Förderung, Ernährung, Pflege … des Kindes betreffend) __________ __________ __________
Weitere Entwicklung des Kindes Bericht der Erzieherin	Welchen individuellen Förderplan haben wir uns für das Kind überlegt? __________ __________ __________
Allgemeines Fragen an die Eltern	Wie zufrieden sind Sie persönlich mit der Betreuung im Kindergarten? (z. B. Zeitabsprachen, Buchungszeiten, Veränderungswünsche … betreffend) __________ __________ __________
Allgemeines Bericht der Erzieherin	Welche Wünsche haben wir an die Eltern? (z. B. Pflegematerialien, persönliche Materialien des Kindes, Spielzeug, Kuschelsachen … betreffend) __________ __________

Nächster Termin im Zeitraum von __________ bis __________ .

„Windelalarm!“ – Der zweite Monat

Nach der Eingewöhnungsphase beobachten wir ein bis zwei Wochen lang eine Festigung der Persönlichkeiten und der Bedürfnisse unserer Kinder, bis, wie aus dem Nichts heraus, der „Windelalarm“ beginnt.

Plötzlich wollen die Kinder, die bisher unauffällig geblieben sind, nicht mehr in der Kindertageseinrichtung verweilen oder beim Abschied nach Hause gehen. Wichtig ist hierbei, die Übergabe von der einen zur anderen Bezugsperson möglichst kurz zu halten, bevor der Trennungsschmerz bewusst werden kann, oder manchmal auch von Eltern herausgefordert wird. Allein die Worte: „Die Mama geht jetzt, du musst nicht weinen“, signalisieren dem Kind negative Gefühle und es reagiert natürlich sofort. Daher sind auch hier eine gute Einbindung der Eltern bzw. ein intensiver Informationsaustausch zum Elternhaus enorm wichtig.

Einfache Absprachen, wie z. B. das Händewaschen, das Aufräumen der Spielmaterialien oder der Ruf der Bezugsperson, werden mit blitzenden Augen ignoriert. **Die Zweijährigen befinden sich in der Trotzphase, erproben ihre Wirkungsmacht, ihren Einfluss und testen gleichzeitig die Sicherheit und Stabilität der Eltern und Erzieherinnen.** Auf der einen Seite rebellieren sie gegen Regeln und Rituale, auf der anderen Seite fordern sie gerade diese ein. Sie sind auf der Suche nach ihrer eigenen Identität und streben nach Autonomie.

In der „Trotzphase“ suchen die Kinder nach der eigenen Identität und streben nach Autonomie.

Wir vergleichen diese Phase mit angehenden Schulkindern, die kurz vor der Einschulung ihr bisher gezeigtes Selbstvertrauen, wie z. B. allein einkaufen gehen, problemlos einschlafen … nicht mehr aufbringen können. Daher entwickeln wir die These, dass Kinder, bevor sie einen weiteren großen kognitiven und emotionalen Entwicklungsschritt nach vorn machen, zuerst einmal die Basis sichern wollen, von der aus sie dann durchstarten.

Erzieherinnen und Eltern sollten diese Phase erkennen und auch anerkennen. Sie ist ein Zeichen dafür, dass der Bildungsprozess der Kinder kontinuierlich fortschreitet und sie ihrem Alter gemäß, die eigene Person und die eigene Wirkungsmacht erproben. Diese Rebellion darf nicht einfach nur ignoriert werden, denn sie stellt für die Kinder einen wichtigen Selbstbildungsprozess dar und vermeidet spätere Ängste oder Unsicherheiten. Wie sollen Kinder Selbstvertrauen und Selbstständigkeit entwickeln, wenn sich die Vorbilder nicht aktiv mit ihnen auseinandersetzen und Bedürfnisse nach Selbstverwirklichung übersehen oder als Stress empfinden? Für Elternhaus und Erzieherinnen bedeutet es nun, authentisch zu sein, Regeln und Grenzen nicht nur kurz und bündig zu erklären, sondern sie vor allen Dingen vorzuleben.

Die Zweijährigen spiegeln zusätzlich das Verhalten der anderen Kinder. Wenn ein Kind sich nicht anziehen will, so nehmen auch andere Kinder schnell diese Verweigerungshaltung ein. Da hilft es nur, den „Anführer" auf die Konsequenzen hinzuweisen: „Du willst nicht, gut, dann gehst du auch nicht nach draußen." Diese Konsequenzen müssen natürlich auch strikt eingehalten werden.

Gerade diese Periode stellt noch einmal die Bedeutung der Nestgruppe in den Vordergrund. Die Zweijährigen erleben eine intensive Orientierungsphase zur Stabilität ihrer Persönlichkeit. Bleiben die Erzieherinnen „echt" und partnerschaftlich „konsequent", fordern weiterhin individuelle Leistungen ein, so ist die Rebellion zügig beendet.

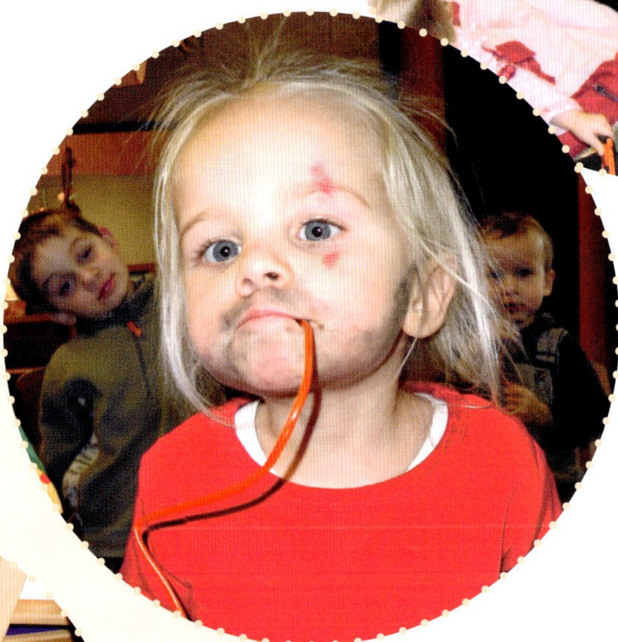

Merkmale der Phase „Windelalarm!“

Verhalten der Kinder	Verhalten der Erzieherin	Unterstützende Materialauswahl etc.
Auf die Eltern bezogen: • wollen sich zu Hause nicht anziehen, weinen während des Bringens, wollen nicht bleiben und sagen: „Mama auch!“	**Auf die Eltern bezogen:** • Eltern stärken • sich die Kinder in den Arm geben lassen und trösten • Kindern eigene Rituale anbieten, wie z. B. erst frühstücken, dann Auto fahren etc., oder die Kinder mit einer Lieblingsbeschäftigung zum Bleiben ermutigen • bei Kindern, die Trost und Zuspruch brauchen, möglichst eine versetzte Bringzeit vereinbaren • die Verabschiedung von den Eltern so kurz wie möglich halten • Tür- und Angelgespräche auf die Abholphase verlegen; allgemeine Informationen protokollieren	**Auf die Eltern bezogen:** • Fotos für die Eltern machen, die zeigen, dass die Kinder im Tagesablauf schnell eine Zufriedenheit entwickeln • „Tröster“ anbieten: Fotoalbum, Lieblingsspielzeug, Kuscheltier … • Briefkasten / Ideenbox nutzen, in den die Eltern ihre Anliegen einwerfen können • Informationswand über tägliche / wöchentliche Spielangebote und Ereignisse aufhängen
Auf den Kindergarten bezogen: • wollen sich nicht anziehen lassen oder ziehen sich wieder aus • Räumen Spielmaterialien nicht mehr auf	**Auf den Kindergarten bezogen:** • gute Laune, viel Schlaf und Ausgleich • Regeln in der Bedeutung sprachlich erklären und auf das Einhalten von Regeln bestehen; keine Ausnahmen machen, enge Grenzen setzen	**Auf den Kindergarten bezogen:** • für Morgenkreis / Mittelkreis eine Handpuppe einsetzen; diese verfügt auch über Kleidung, die sie an- und ausziehen kann • Rituale beim Begrüßen einhalten, z. B. immer das gleiche Bilderbuch vorlesen

• wollen sich nicht in den Morgenkreis oder Mittelkreis setzen • entfernen sich von der Gruppe, von den Erzieherinnen, schauen sich dabei immer wieder um, ob sie auch gesehen werden; die Kinder fordern die Erzieherinnen heraus. • spiegeln das Verhalten von anderen Kindern: Ein Kind verweigert sich und alle machen mit. • verweigern Tätigkeiten und sagen vehement „Nein“	• Selbstreflexion der Erzieherin: Wo sind die emotionalen Fallen, in die ich hineintappen kann? • positive Stärkung: Sagen, was das Kind machen soll, und nicht, was es nicht machen soll; Beispiel: „Gehe bitte über den Flur.“ statt „Renne nicht über den Flur.“ Die Kinder hören in beiden Sätzen die Aufforderung. • Belohnend sprechen: „Ziehe dich bitte an, dann kannst du nach draußen gehen, dort wartet …“ Konsequenzen spiegeln: „Du willst dich nicht anziehen, dann kannst du auch nicht nach draußen gehen.“ „Du willst dich nicht in den Kreis setzen, dann können wir dich auch nicht begrüßen.“ • logische, nachvollziehbare und aktuelle Konsequenzen wählen; dabei nie über den Tag hinausgehen: ein neuer Tag, eine neue Chance! • auch einmal „Donnerwetter“ sagen dürfen; dabei ruhig bleiben, Provokationen ablehnen, nicht nachtragend sein • Die Vorbildfunktion ist die wichtigste Aufgabe der Erzieherinnen in dieser Zeit; „echt“ bleiben und für die Kinder nachvollziehbare Regeln konsequent und ruhig einfordern	• Plakate über das An- und Ausziehen aufhängen • für jedes Kind Fotos über Erfolge anfertigen, diese an der Garderobe aushängen und später in die Bildungsdokumentation (Portfolio) einsortieren • große Schubladen für ein einfaches Ordnungssystem • Räume, die nicht benutzt werden sollen, verschlossen halten • Tagespläne erstellen, Verantwortung verteilen

„Ich kann das schon!“ – Der dritte bis neunte Monat

In der Phase „Ich kann das schon!“ startet zeitnah die „Ich-Findung“ der Zweijährigen. Die Kinder entdecken Schritt für Schritt ihre persönlichen Kompetenzen und ihre **Wirkungsmacht.** So stellen sie z. B. fest, dass der Buntstift nicht zufällig und von allein malt, sondern dass die Kinder **selbst** den Stift steuern und **ihre** geistige und körperliche Willenskraft das Bild entstehen lässt. Sie verfügen über die „Macht“, etwas zu bewirken.

Unterschiedliche Entwicklungsmerkmale und Bedürfnisse begleiten die Phase „Ich kann das schon!“:

- Für zweijährige Kinder steht das **„Ich kann das“-**Gefühl vor jedem anderen. Diese freudige Erkenntnis lässt die Neugierde der Kinder nahezu explodieren und festigt den Wunsch, ihre weitere und nähere Umwelt zu erobern. Ausräumen und umräumen, anfassen, allein essen oder trinken stehen nun an der Tagesordnung.
- Zweijährige Kinder entdecken die ersten Regeln und beginnen, sich zu orientieren. Dabei betrachten sie alles, was zu ihrem Umfeld gehört, als ihr Eigentum. Das Teilen von Spielmaterialien fällt ihnen noch schwer. Ihr Besitzverständnis ist sehr undifferenziert. Sie verstehen jedoch die Regel: „Wer es zuerst hatte, dem gehört es.“ Es entsteht das Gefühl für eigene bewusste Bedürfnisse, jedoch noch kein Mitgefühl für andere.
- Im Gegensatz zu den Erwachsenen denken die Kinder in dieser Phase vom Großen zum Kleinen, vom Ganzen zum Detail. Beispielsweise ist alles, was vier Räder hat, zuerst ein Auto. Erst mit der Zeit bildet sich die Differenzierung der Autotypen vom LKW über das Feuerwehrauto bis zum Polizeiauto. Alle Tiere, die einen Schwanz haben, werden als „Hund“ bezeichnet, egal, ob es sich hierbei um eine Katze oder ein Pferd handelt. Erst nach und nach werden die Alleinstellungsmerkmale erkannt und zugeordnet. Für eine gesunde Entwicklung der Kinder sollte sich die Nestgruppe an der realistischen Umwelt der Kinder orientieren. Ein gebasteltes Auto darf nicht an der Decke hängen und fliegen. Solche Dekorationsmittel verwirren die Wahrnehmung der Kinder.

- Auch im Sprachgebrauch ist diese Phase zu erkennen. Zuerst hören wir aus dem Kindermund: „Mia kann das“ und bald schon „Ich kann das“.
- Die Kinder benötigen von der Erzieherin sichere und kontinuierliche Zuneigung und die Anerkennung ihrer Person, ihrer Tätigkeiten und Werke. Diese Wertschätzung drückt sich auch in entsprechenden Regeln aus und vermittelt ihnen Emotionalität und Sicherheit.
- Während der Eingewöhnungszeit und des Windelalarms dienten die Begrüßung, der Morgen- und Mittelkreis als Orientierung im Tagesablauf. Jetzt freuen die Kinder sich auf persönliche Ansprachen, Neuigkeiten und Wissenserweiterung durch Spiele, Erzählungen, Massagen und andere Angebote, die mit dem Jahreskreislauf, Projekten und Themen verbunden sind. Die Begrüßung verändert sich: Nicht mehr das Trösten steht im Vordergrund, sondern die Bestätigung der eigenen Persönlichkeit. Der Morgen- und Mittelkreis wechselt von der Unterhaltung zu einem ureigenen Bildungscharakter.

„Ich kann das schon!"

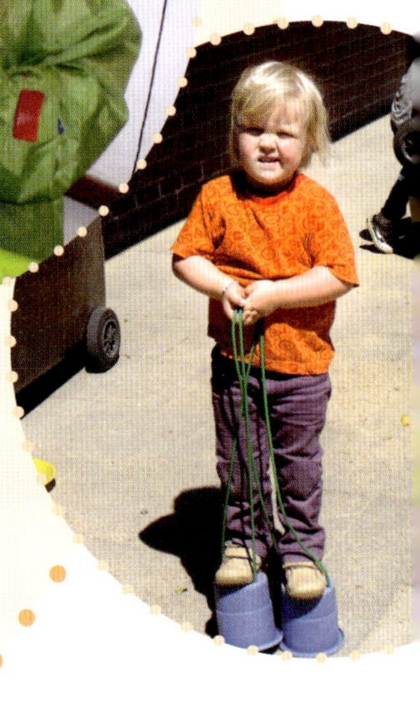

Merkmale der Phase „Ich kann das schon!“

Verhalten der Kinder	Verhalten der Erzieherin	Unterstützende Materialauswahl
• Die Kinder trennen sich leicht von den Bezugspersonen, orientieren sich eigenständig an Materialien oder Partnern. • Regeln sind verinnerlicht und werden weitgehend eingehalten • Rituale, Beschäftigungs- / Aktionswünsche werden vehement eingefordert • Einige Kinder gehen allein zum Frühstück. • Sie orientieren sich selbstständig und selbstsicher im Raum, an den Materialien und Spielpartnern. • Spielgemeinschaften entstehen, erste Verabredungen zum gemeinsamen Spiel • Die Kinder unterstützen und helfen sich gegenseitig. • Sie zeigen vermehrt Interesse an Büchern. • erste interaktive Spiele sind möglich, allein und mit anderen	• ein „Nein“ der Kinder akzeptieren • freundliche, persönliche Begrüßung, jetzt sind auch wieder kurze Gespräche mit der Bezugsperson möglich • anfänglich die Regeln wiederholen und Kinder loben, wenn sie diese einhalten; Ausnahmen sind nur zum Ende des Kindergartenjahres möglich • Die Erzieherin braucht nicht mehr die ganze Zeit bei den Kindern zu bleiben. • In dieser Phase besteht die Möglichkeit, das Spülen des Frühstücksgeschirrs und das Zähneputzen zu erlernen sowie den Toilettengang verstärkt zu üben. • Spielmaterial den Ansprüchen und Spielweisen der Kinder anpassen und erweitern • Kinder beobachten, Freundschaften zulassen, unterstützen und in der pädagogischen Arbeit nutzen; das soziale Miteinander benennen und die Kinder loben	• Die Zeit für kleinere, altersgerechte Angebote beginnt. Diese sollten in Bezug zu Jahreszeit, Situation, Fähigkeiten und Vorlieben der Kinder stehen. (Bildungsbox) • Bildungsboxen mit Anregungen zur Alltagsbewältigung sowie für Sprache, Bewegung, Wahrnehmung • Digitalkamera, um Erfolge, Stärken der Kinder festzuhalten • Gruppentagebuch, um in Vertretungssituationen einen identischen Tagesablauf zu sichern • eigene Zahnputzbecher und Bürsten im Waschraum anbieten; **Vorsicht!** Erweiterte Hygieneauflagen beachten: Zahnbürsten müssen „austauschsicher“ aufbewahrt werden. • weiterhin Einsatz von Alltagsmaterialien

• sie fordern Beschäftigungen ein, wie z. B. Basteln; wenn ein Beschäftigungswunsch da ist, muss er sofort erfüllt werden; ein Aufschieben / Vertrösten können die Kinder nicht nachvollziehen • Bedürfnisse wie Hunger, Durst, Ruhe, Sicherheit müssen sofort gestillt werden. • Kinder werden neugieriger, fragen mit einem erweiterten Wortschatz • Sie nehmen andere Kinder und Erzieher der Einrichtung wahr und an, lassen sich von ihnen helfen und grüßen sie mit Namen.	• Kinder unterstützen, sich anbieten, gemeinsam Bücher anschauen; Bücherauswahl je nach Erfahrungsfeld und Interesse der Kinder auswählen, erweitern und austauschen • sich als Spielpartner anbieten und Kinder in die Spielregeln einführen • Angebote immer für viele Kinder vorbereiten, um spontane Bedürfnisse erfüllen zu können • Arbeitsabsprachen treffen, Zeiten für altersgerechte Angebote schaffen • aktiv zuhören, auf Wünsche der Kinder weitgehend eingehen • alle Begegnungen der Kinder sprachlich begleiten • Hilfestellungen der anderen Erzieher und Kinder sind erwünscht (erster Schritt zur Eingewöhnung in die anderen Gruppen) • die Kinder gezielt mit der gesamten Einrichtung Kontakt aufnehmen lassen; die Kinder mitnehmen, um sie innerhalb der Einrichtung Aufgaben erledigen zu lassen • die Spielzeiten im Außengelände so einrichten, dass eine Begegnung mit anderen Kindern und Erzieherinnen möglich ist	• großer Fundus von altersgerechten Büchern, die sich vorzugsweise mit dem Alltag der Kinder auseinandersetzen • Einsatz von neuem Spielmaterial: erste Spiele, Zuordnungsspiele, Memory, Puzzle mit mehreren Teilen usw. • Einsatzplan / Ideenkatalog mit altersgerechten Angeboten

Rituale im Tagesablauf

Zur sicheren Bindung und Bildung der zweijährigen Kinder sind Kontinuität in der Betreuung und immer wiederkehrende Orientierungsmerkmale notwendig. Diese geben wir durch den hier beschriebenen Tagesrhythmus vor:

Rituale schaffen Sicherheit.

Rituale im Tagesablauf

1. Begrüßung
2. Freispiel
3. Morgenkreis
4. Mittelkreis
5. Abschlusskreis

1. Begrüßung

Eine ansprechende und sensible Begrüßung der Kinder ist maßgeblich entscheidend für den weiteren Verlauf eines Tages. Jedes Kind möchte individuell und zeitnah wahrgenommen werden sowie Körperkontakt und Austausch erleben. Erzieherinnen verfügen in dieser Phase manchmal nicht über genügend Arme oder Beine, um diesen Ansprüchen gerecht zu werden. Das eine Kind möchte den Schnuller noch im Mund behalten, während das andere Kind am Fenster der Mama hinterherwinken möchte, das nächste Kind versucht, am Frühstückstisch für sein leibliches Wohlergehen zu sorgen, wieder ein anderes Kind muss gewickelt werden.

Die Liste der Wünsche lässt sich endlos fortführen. Hinzu kommt, dass jeder Tag neue Wünsche und Überraschungen mit sich bringt. Hier benötigt die Erzieherin eine gute Beobachtungsgabe, Flexibilität und Feingefühl. Ein achtsamer Umgang mit Nähe und Distanz sowie die Berücksichtigung individueller Schwächen und Stärken sind erforderlich.

Das pädagogische Personal wird mitunter körperlich sehr gefordert, wenn man sich vorstellt, dass drei oder vier Kinder gleichzeitig schmusen und kuscheln möchten.

Die Begrüßung der Kinder gibt der Erzieherin täglich eine neue Möglichkeit, ihre Bindung zum Kind aufzufrischen und zu vertiefen. Die Erzieherin, die an der Begrüßung aktiv beteiligt war, verfügt an diesem Tag über einen intensiveren Kontakt zum betreffenden Kind.

2. Freispiel

Im Freispiel fördert das 1 x 1 der Ausstattung (s. S. 9 ff.) die Autonomie und die Bildung der zweijährigen Kinder. Der Raum als vierter Erzieher kann den Beschäftigungswunsch der Kinder befriedigen. Ebenso ist eine differenzierte Arbeitsabsprache unter den pädagogischen Mitarbeiterinnen hilfreich (s. Wochenplaner S. 60).

3. Morgenkreis

Der Morgenkreis stellt eine kostbare und wertvolle Zeit dar, die tagtäglich in der Gemeinschaft und mit immer wiederkehrenden Ritualen gewürdigt werden sollte.
Er wird jeden Tag um die gleiche Zeit mit einer immer wiederkehrenden Erkennungsmelodie eingeleitet. Alle Kinder und Erzieherinnen verlassen, ohne aufzuräumen, ihr Beschäftigungsfeld, nehmen sich ein / ihr Sitzkissen aus dem Regal und bilden einen Kreis am für den Morgenkreis vorgesehenen Platz.
Die Sitzkissen bieten den Kindern eine Orientierungshilfe, sich in der Gruppe einzufinden, ihren Platz zu bestätigen und unterstützen nebenbei die kindliche Motorik. Erst wenn alle Kinder sitzen und aufnahmebereit sind, beginnt der Morgenkreis auf die immer gleiche Art und Weise. In der Orientierungsphase und insbesondere beim Windelalarm möchten nicht alle Kinder am Morgenkreis teilnehmen. Dann bitten wir sie, ihr Spielmaterial niederzulegen und von dort aus zuzuschauen. Manche Kinder befürchten auch, dass das beliebte Spielzeug nach dem Morgenkreis nicht mehr zur Verfügung stehen könnte. Dann dürfen sie es hinter sich auf den Boden legen.

Rituale im Morgenkreis:

Wir singen ein Begrüßungslied, in dem jedes Kind namentlich erwähnt wird. Als Erweiterungsstufe können die Kinder später beim Hören ihres eigenen Namens der Erzieherin zuwinken oder die Kinder winken dem genannten Kind zu.
Anschließend zählen wir die Kinder und berühren sie dabei. (Nach einiger Zeit zählen die Kinder sich selbst.) Gemeinsam wird überlegt, wer fehlt.
Nun gibt es diese Möglichkeiten:

- Kinder auf aktuelle Ereignisse im Haus hinweisen (z. B. Besuch von älteren Kindern / vom Fotografen, Hinweis auf neue Anmeldungen, auf Geburtstage ...)

oder

- der Jahreszeit / Projektarbeit entsprechend mit Fingerspielen und Liedern arbeiten und bisherige Spiel- und Beschäftigungserfahrungen vertiefen.

Abschluss des Morgenkreises:

Wir machen ein Ritual aus dem täglichen Leben vor: Wie putze ich mir die Nase, wie wasche ich mir die Hände ... Wichtig ist hierbei zum einen, dass für die Kinder aufgrund mangelnder Erfahrung ein nachvollziehbarer Bezug besteht und zum anderen, dass die häufige Wiederholung der Festigung und Vertiefung des Erlebten und Erlernten dient.
Zur Auflösung des Morgenkreises befragen wir die Kinder einzeln, welcher Beschäftigung sie nachgegangen sind, bitten sie, ihr Sitzkissen wegzuräumen und begleiten sie in ihre vorherige Spielsituation.

4. Mittelkreis

Die Möglichkeiten der kognitiven Aufmerksamkeit unterliegen bei zweijährigen Kindern einer anderen Zeitstruktur als bei drei- bis sechsjährigen Kindern. Wir haben festgestellt, dass das Ruhe- / Schlafbedürfnis am Vormittag von den Kindern nur wenig eingefordert wird. Daher haben wir einen „Mittelkreis" konzipiert. Dieser findet meist gegen 10.30 Uhr statt und orientiert sich an ähnlichen Strukturen wie der Morgenkreis (möglichst identische Zeit, Beschäftigung verlassen, Kreis bilden …). Hier bieten wir eine neue Methode an: die „Bildungsbox“. Mit diesen „Bildungsboxen“ greifen wir das Lernprinzip „Hand – Herz – Verstand“ auf und motivieren die Kinder, sich mit alltäglichen Dingen auseinanderzusetzen und Alltagskompetenzen zu erlernen.

Bildungsboxen
Zur Unterstützung der kindlichen Entwicklungsbedürfnisse von zweijährigen Kindern und um ihnen die Möglichkeit zu geben, die Welt zu „begreifen“, entwickelten wir sogenannte „Bildungsboxen“, die in Inhalt und Aufbau die Entwicklungsgrundlagen und die Bildungsuhr der Zweijährigen beachten. Sie erleichtern durch ihre Systematik die pädagogische Arbeit der Erzieherinnen und basieren auf drei Schwerpunkten:

1. Die Bildungsboxen enthalten viele Impulse: von Liedern über Finger- und Bewegungsspiele bis hin zu Massageanregungen mit anschaulichen und einfachen Bildern. Dadurch werden die sensiblen Phasen von zweijährigen Kindern, die die Sprachkompetenzen, die Bewegungswünsche und die Wahrnehmungserfahrungen betreffen, berücksichtigt.

2. Die Bildungsboxen sind thematisch aufgebaut und geben den Kindern Hilfestellungen, ihre Alltagskompetenzen realistisch zu erweitern, wie z. B. die Bildungsbox „Regen“: Sie enthält ein Fingerspiel über Begegnungen mit Wasser, eine Massage mit dem Thema „Regen“, Pfützen- und Wassergeschichten, eine Anleitung zum Basteln eines Regenrohres, eine CD mit Wassergeräuschen, laminierte Fotos mit Regenkleidung (Gummistiefel, Regencape, Regenschirm) …

3. Die Bildungsboxen sind multifunktional einsetzbar und können in ihren Einzelteilen sowohl im Morgenkreis, im Mittelkreis als auch in der Abschiedsphase verwendet werden.

5. Abschlusskreis

Da ein Kindergartentag für Kinder grundsätzlich anstrengend ist, würdigen wir die „Arbeit“ der Kinder, indem wir den Abschlusskreis kurz und inhaltlich strukturieren. Wir spiegeln, was die Kinder am Tag erleben konnten, schildern positive Beobachtungen rund um jedes einzelne Kind und singen ein Abschlusslied.

Wickelzeit ist eine individuelle Bildungszeit

Was kann ein Kind beim Wickeln schon lernen? In vielen Fachbüchern und Artikeln wird diese These genannt, jedoch nicht im Detail beschrieben. Wir möchten unsere Behauptung **„Wickelzeit ist individuelle Bildungszeit“** so praktisch wie möglich beschreiben. Sie soll als Argumentationshilfe für Eltern und die breite Öffentlichkeit dienen.

Für eine „Lernerfahrung“ von zweijährigen Kindern während der Wickelzeit sind nachfolgende Grundstrukturen notwendig:
- eine intime Atmosphäre mit angenehm warmer Luft und ausreichend Frischluft
- die notwendigen Pflegematerialien mit warmem Wasser
- Möglichkeiten, um mit Schaum zu baden
- die direkte und ungeteilte Aufmerksamkeit der Bezugsbetreuerin
- Zeit zum Wickeln
- eine entsprechende Raumaufteilung

Die Wickelzeit darf sich nur dann „Bildungszeit“ nennen, wenn sie diese genannten Bedingungen erfüllt und somit den Kindern nachfolgende Erfahrungen ermöglicht:

Förderung der Bildungsbereiche	Erfahrungsmöglichkeiten für die Zweijährigen
Sprache	• Benennung von Körperteilen; für jüngere Kinder immer mit dem Kopf beginnen; besonders wichtig sind den Kindern ihr Bauchnabel und ihre Geschlechtsteile. • Benennung von Alltagsmaterialien: Waschlappen, Schaum, Handtücher … • Erkenntnis der Zusammenhänge von Sprache und Wahrnehmung durch die verbale Begleitung der Erzieherin • Erweiterung des passiven Wortschatzes der Kinder • Festigung des Wortschatzes und Festigung der Artikulation durch Wiederholung von Fingerspielen und Liedern • reagieren auf verbale und nonverbale Signale
Bewegung	• klettern die Wickelkommode hinauf und hinunter • Körperkoordination: auf den Rücken legen, Po in die Höhe strecken (Brücke bauen), strampeln, aufstehen, still halten, auf Signale der Erzieherin bestimmte Körperhaltung einnehmen • Kräfte dosieren • Gleichgewichtssinn trainieren
Körperwahrnehmung / Sinneserfahrung	• Unterschied von feucht – trocken, warm – kalt spüren • Druck und Druckerleichterung spüren • Schmerz wahrnehmen (z. B. wunder Po) • Oberflächenbeschaffenheit der Wickelauflage, Pflegeutensilien wie Pflegetücher, Waschlappen … wahrnehmen

	• Unterscheidung von angenehmen und unangenehmen Gerüchen (Creme / Lotion – Stuhlgang) • Druck- und Tastsinn: Wo wird der Körper gepflegt / gereinigt?
Intrapersonale Kompetenzen	• Vertrauen in die Pflegeperson • Erhöhte Zuwendung, persönliche Zeit mit der Bezugserzieherin • Selbstbestimmung / Selbstsicherheit: „Ich bestimme, wer mich pflegt und wer zuschaut. Mein Körper gehört mir!" • Orientierung: „Diese Materialien gehören mir."
Interpersonale Kompetenzen	• Vertrauen in die Pflegeperson • Andere Kinder dürfen evtl. zuschauen; das Kind als Vorbild für die anderen
Alltagskompetenzen	• Hygienegrundlagen: Hände waschen • Nutzung von Materialien, wie z. B. Handtuch, Pflegetücher, Seife, Schaumbad … • Wasserhahn aufdrehen und zudrehen

Unterstützende Erzieherin / Materialien für die Bildungszeit

1. Zweijährige Kinder können ihren Eltern aufgrund ihrer mangelnden Sprachkompetenz noch nicht von ihren Erlebnissen, Erfahrungen oder von ihrem Gesundheitszustand in der Kindertageseinrichtung berichten.

2. Die zweijährigen Kinder fordern in der Betreuungszeit die volle Aufmerksamkeit der pädagogischen Mitarbeiterinnen ein. Elterngespräche und Informationen müssen strukturiert und professionell geplant werden, um „Zeit für die Kinder“ zu sichern.

3. Lieder, Gedichte oder Bastelarbeiten sind noch keine „Lernprodukte“, die wir bei den zweijährigen Kindern abrufen können.

Daher arbeiten wir mit diesen Strukturen:

- **Wochenplaner für das Team (s. S. 60):** Spezielle Aufgaben und Verantwortungsbereiche sind festgelegt, sodass die Kolleginnen sich „blind“ verstehen und aufeinander verlassen können. In Stresszeiten bleibt keine Zeit für individuelle Absprachen.

- **Wochenplaner für die Eltern (s. S. 61):** Die Erfahrungen und Erlebnisse der Kinder werden reflektiert und die Erziehungsberechtigten informiert. Zudem hat es sich bewährt, diesen Wochenplaner als Nachweis der geleisteten Arbeit für alle Gruppen aufzubewahren. Dabei berücksichtigen wir auch die Erlebnisse über das Familienleben am Wochenende.

- **Pflegeplan für die Eltern (s. S. 62):** Dieser ist immer für 14 Tage einsehbar. Eltern können die Pflegesituation und den Gesundheitszustand ihres Kindes (Stuhlgang, Durchfall, Mahlzeiten) genau verfolgen.

Ein Beispiel: Wochenplaner für das Team vom ______________ bis ______________

	Montag	**Dienstag**	**Mittwoch**	**Donnerstag**	**Freitag**
Frühdienst	Uschi	Uschi	Uschi	Uschi	Uschi
Wickeldienst	Klara	Klara	Klara	Klara	Klara
Freispielangebot	Uschi Zähne putzen	Uschi Zähne putzen	Uschi Zähne putzen	Uschi Zähne putzen	Uschi Bewegungsangebot
Morgenkreis	Brigitte Begrüßungslied	Brigitte Begrüßungslied	Brigitte Begrüßungslied	Brigitte Begrüßungslied	Brigitte Begrüßungslied
Mittelkreis	Brigitte Plapperschachtel über das Zähneputzen	Brigitte Plapperschachtel über das Zähneputzen	Brigitte Plapperschachtel über das Händewaschen	Brigitte Plapperschachtel über das Händewaschen	Brigitte Plapperschachtel über das Händewaschen
Abschlusskreis	Brigitte Abschiedslied	Brigitte Abschiedslied	Brigitte Abschiedslied	Brigitte Abschiedslied	Brigitte Abschiedslied
Nachmittag	Klara Bewegungsangebot	Klara Elterngespräche	Klara	Klara	Klara

Wochenplaner für das Team vom ___________ bis ___________

	Montag	Dienstag	Mittwoch	Donnerstag	Freitag
Frühdienst					
Wickeldienst					
Freispielangebot					
Morgenkreis					
Mittelkreis					
Abschlusskreis					
Nachmittag					

Kopiervorlage

Wochenplaner für die Eltern
Erlebnisse / Erfahrungen Ihrer Kinder in der Zeit vom ___________ bis ___________

	Montag	**Dienstag**	**Mittwoch**	**Donnerstag**	**Freitag**	**Samstag / Sonntag**
Im Morgenkreis / Mittelkreis						
Im Freispiel / Freispielangebot						
Am Nachmittag / in Kinderwerkstätten						
Besonderheiten						

Kopiervorlage

Pflegeplan für die Eltern
Erlebnisse / Erfahrungen Ihrer Kinder in der Zeit vom ____________ bis ____________

	Montag			Dienstag			Mittwoch			Donnerstag			Freitag		
Name															

Kopiervorlage

Elterngespräch / Anlassfreies Entwicklungsgespräch

Nach 4–6 Monaten sollte wiederum ein Gespräch zwischen Erzieherin und Eltern / Erziehungsberechtigten stattfinden (s. auch S. 43).

Vorbereitung

- Den Raum vorbereiten: Für Ordnung, Frischluft und eine schöne Atmosphäre sorgen, Schild an die Tür hängen: „Elterngespräch – bitte nicht stören!“, Telefon delegieren
- Eigenreflexion: letztes Protokoll noch einmal durchlesen, Entwicklungsdokumentation ansehen
- Materialien: Getränke, Stifte, Papier, Fotos des Kindes, Gruppentagebuch, Entwicklungsdokumentation
- Zeit: ca. 30–45 Min.

Eltern müssen das Vorsorgeheft (U-Heft) zur Vorlage mitbringen!

Begrüßung

- „Vielen Dank für Ihr Kommen!“
- „Der Schwerpunkt unseres Treffens liegt auf der Entwicklung Ihres Kindes.“
- Stellen Sie den Ablauf des Gespräches kurz vor und holen Sie das Einverständnis von den Eltern ein.

Kind: ______________________________ Datum: ____________

Erziehungsberechtigter: ______________________________

Erzieherin: ______________________________

Stempel der Einrichtung

Grundbedürfnisse (Ernährung, Ruhephasen) Fragen an die Eltern	Gibt es Beobachtungen die Ernährung, das Ruhebedürfnis Ihres Kindes betreffend, über die Sie uns informieren möchten? ______________________________ ______________________________
Grundbedürfnisse (Ernährung, Ruhephasen) Bericht der Erzieherin	Wie sehen Mahlzeiten und Ruhephasen im Kindergarten aus? Gibt es im Tagesablauf erkennbare Rituale? ______________________________ ______________________________ ______________________________
Pflegesituation, Körperliche Entwicklung Fragen an die Eltern	Haben Sie Wünsche, die die Pflege, Wickelsituation, Körperwahrnehmung betreffen? Haben Krankheiten / Infekte seit der Betreuung im Kindergarten zugenommen? ______________________________ ______________________________ ______________________________
Pflegesituation, Körperliche Entwicklung Bericht der Erzieherin	Wie erleben wir Pflegesituationen? ______________________________ ______________________________ Das Vorsorgeheft liegt vor: Ja ☐ Nein ☐ Eintragungen vom Kinderarzt: Ja ☐ Nein ☐ Wenn ja, welche? ______________________________ ______________________________
Entwicklung des Kindes Fragen an die Eltern	Haben sich die Vorlieben oder Abneigungen Ihres Kindes verändert? • Bezogen auf die Körperwahrnehmung / das Wickeln: ______________________________ ______________________________

	• Bezogen auf die Eigenwahrnehmung / das Selbstvertrauen: __________ __________ • Bezogen auf die Sprache: __________ __________ • Bezogen auf die Bewegung: __________ __________
Entwicklung des Kindes Bericht der Erzieherin	• Bezogen auf die Körperwahrnehmung / das Wickeln: __________ __________ • Bezogen auf die Eigenwahrnehmung / das Selbstvertrauen: __________ __________ • Bezogen auf die Sprache: __________ __________ • Bezogen auf die Bewegung: __________ __________ • Bezogen auf soziale Kontakte in der Gruppe / zu Erzieherinnen: __________ __________ • Bezogen auf bevorzugtes Spielmaterial: __________ __________ • Bezogen auf die Befindlichkeit des Kindes während des Tagesablaufes: __________ __________ • Bezogen auf das Spielen im Außengelände: __________ __________

	• Bezogen auf die Teilnahme an besonderen Angeboten: ____________________ ____________________
Individueller Förderplan Fragen an die Eltern	Wie ist Ihre persönliche Zufriedenheit mit der Betreuung im Kindergarten? sehr zufrieden ☐ zufrieden ☐ nicht zufrieden ☐ Welche Wünsche im Hinblick auf die Betreuung Ihres Kindes möchten Sie an uns weitergeben? ____________________ ____________________ ____________________ Gibt es erste Wünsche für den Gruppenwechsel? ____________________ ____________________
Individueller Förderplan Anregungen der Erzieherin	Welche Ideen haben wir für die weitere Betreuung? ____________________ ____________________ ____________________ Welche Unterstützungsmöglichkeiten seitens der Eltern möchten wir noch in Anspruch nehmen? ____________________ ____________________ Gibt es Möglichkeiten, die Vorlieben des Kindes auch außerhalb der Kita zu fördern? ____________________ ____________________

Nächster Termin im Zeitraum von _______________ bis _______________ .

„Wir können das!“ – Interaktion mit anderen Kindern

In dieser Phase beginnen die Kinder, ihre sozialen Kompetenzen für ihre Gruppe und ihre Gruppenmitglieder zu entwickeln und andere Kinder aus der Einrichtung wahrzunehmen. Diese Erfahrungen prägen sie und ihre Reaktionen für weitere Lebensphasen und Gruppenbeziehungen bis hin zu zukünftigen Kontaktaufnahmen in Vereinen und in der Schule.

Bisher lag der Fokus der zweijährigen Kinder auf der eigenen Person, auf Eigenaktivitäten und auf dem persönlichen Wohlbefinden mit der zeitnahen Befriedigung von Bedürfnissen. Nun richten sie ihre Aufmerksamkeit vermehrt auf die Aktionen anderer Kinder. Sie beobachten, filtern ihre Eindrücke und wünschen eine Beteiligung und Anteilnahme am Gruppengeschehen mit einem gemeinsamen Spiel.

Dabei schöpfen sie ihre Motivation und Begeisterung aus der Interaktion mit der Gemeinschaft, der Spielgemeinschaft. Die Art der Beschäftigung bleibt ebenso im Hintergrund wie die langfristige Bindung an andere Kinder. Spielgruppen sind noch sehr flexibel. Die Spielpartner tauschen zügig ihre Gruppen und Orte.

Wir beobachten, dass die Kinder in dieser Phase beginnen, „gemeinsame Pläne zu schmieden“ und Verabredungen zu treffen, wie z. B. aus der Puppenecke heraus die „Oma zu besuchen“, die natürlich am anderen Ende des Gruppenraumes wohnt. Die Kinder gehen zusammen zum Frühstückstisch, verändern den Spielbereich oder spielen Situationen aus dem Kindergartenleben nach. Bei Freispielangeboten halten sie nun eine Wartezeit aus oder verschieben eigenständig die Teilnahme, bis der aktuelle Spielpartner sich ebenfalls beteiligt.

Entwicklung von Empathie und Fürsorge

Die Kinder agieren nun auch emphatisch und nehmen die Gefühle ihrer Spielpartner ganzheitlich wahr. Die Basis des fürsorglichen Handelns beginnt: Wenn sich zwei Kinder um ein Bilderbuch streiten, schlichtet ein drittes Kind, indem es ein weiteres Buch aus dem Regal nimmt und es einem der Kinder anbietet. Das Verständnis, die Beobachtung für Spielpartner hält Einzug in das Leben der Nestgruppe. Dabei werden Situationen nicht nur gespiegelt, sondern bewusst geplant und in die Tat umgesetzt.

Ein weiteres gravierendes Kennzeichen dieser Phase ist das Verständnis und die Reaktion auf gemeinsame Ansprachen und Aufforderungen für die Gruppe. Bei den Aufforderungen „Wir gehen uns anziehen.“, „Wir räumen auf.“ kommt nicht mehr die Rückfrage „Ben auch?“ oder „Ich auch?“. Die Kinder schauen nach links und rechts, sehen die ersten Aktionen der anderen und binden sich mit in die Gemeinschaft ein.
Unter diesen Voraussetzungen sind auch die ersten gemeinsamen Spiele / Regelspiele

möglich. Die Kinder überschauen eine kleine Spielgruppe, wissen nun, dass sie abwarten müssen oder wann es für sie an der Zeit ist, den Spielzug zu machen. Die erste vorsichtige Tendenz, Spielbedürfnisse zu steuern, beginnt.

Die Erzieherin als Beobachterin

Um die Gruppenzugehörigkeit zu stärken, sind gemeinsame Aktivitäten wie z. B. malen, kneten, backen, Bilderbuchbetrachtung, singen und musizieren für die Kinder attraktiv und fördernd.

Die aktive Fürsorge und die individuelle Zuwendung der Erzieherin geraten immer mehr in den Hintergrund. Die Erzieherin kann nun um Hilfestellungen bitten, Wartezeiten für Beschäftigungen aushandeln oder auf Hilfestellungen für andere Kinder hinweisen.

Konflikte erleben die Kinder nun bewusst auf der Gefühlsebene, sie verstehen und verinnerlichen Mitgefühl, aber auch Streit. Die Aufgabe der pädagogischen Mitarbeiterin liegt nun in der beobachtenden Begleitung. Sie kann helfen, Gefühle in Sprache zu verwandeln. Dieses Erzieherverhalten stärkt langfristig das Selbstvertrauen und die Werteorientierung der Kinder.

Jedoch bleiben die Grundbedürfnisse wie Hunger, Durst, Bewegung, Ruhe und die konstitutionelle Tagesform für die Kinder weiterhin vordergründig und jede Störung wirkt sich negativ auf die kognitiven Fähigkeiten der Kinder aus.

„Wir können das – und machen es gemeinsam!“

10.–11. Monat

BVK KI18 • Angelika Hüskes / Doro Leenen: „Die Bildungsuhr der Zweijährigen“

Merkmale der Phase „Wir können das!“

Verhalten der Kinder	Verhalten der Erzieherin	Unterstützende Materialauswahl etc.
• Kinder verabreden sich zum gemeinsamen Spiel oder an einem gezielten Spielort, wie z. B. in der Puppenecke, gehen gemeinsam zum Frühstück oder zu anderen Aktionen. • Es entwickeln sich Spielgemeinschaften und erste Tendenzen zu Freundschaften und Vorlieben im Kontakt zu anderen Kindern. • Die Kinder erinnern sich an Verabredungen, Versprechen und Absprachen, fordern diese vehement ein. • beginnen, die Gruppenansprachen, z. B. „Wir gehen nach draußen.“, auch für sich anzunehmen • reichen sich Materialien an, unterstützen sich gegenseitig, warten auf den Spielpartner, vermitteln dem Spielpartner eigene Wünsche • beginnen, Konflikte und Streitigkeiten eigenständig zu lösen	• sich als Spielpartner anbieten und Kinder in das gemeinsame Spiel einführen; soziale Verhaltensweisen als Vorbild vorleben • auf Spielregeln aufmerksam machen, Veränderungen von Spielregeln zulassen • Spielmaterial und Spielbereiche den Ansprüchen und Spielweisen der Kinder anpassen und erweitern, z. B. Rollenspiel, Konstruktionsbereich oder Mahlzeitenbereich; jetzt kann die Nestgruppe zum ersten Mal räumlich verändert werden • Spiele aussuchen, die ein gemeinsames Ziel, z. B. das gemeinsame Gewinnen, in den Vordergrund stellen • Gefühle und Konflikte vermehrt sprachlich ausdrücken • Bilderbücher, Geschichten, Fingerspiele mit dem Schwerpunkt „Gemeinsamkeit“ einführen • Kinder beobachten, Freundschaften unterstützen und zulassen	• Einsatz von neuem Spielmaterial / Regelspielen • mit den Kindern in die anderen Gruppen gehen und dort Spielmaterialien ausleihen • Memory / Dominospiele mit den Fotos der Kinder basteln • Freundschaftsbücher mit Fotos der Kinder und ihrer Spielpartner anbieten • Gemeinschaftswerke im kreativen Bereich, z. B. mit den Händen drucken, Malen mit Fingerfarbe, Rasierschaumübungen, anbieten • Zuordnungsspiele, Klatschmemory, Domino, Puzzle mit mehreren Teilen usw. • Spielbereiche durch Lichtimpulse oder besondere Materialien interessant machen • Teppichfliesen einsetzen, so werden Spielbereiche äußerst flexibel.

• teilen Spielmaterialien, können abgeben und annehmen • zeigen vermehrt Interesse an der gesamten Einrichtung und an allen Kindern und Erzieherinnen; wollen die Erzieherin auf Gängen durch die Einrichtung begleiten • fordern gemeinsam Beschäftigungen ein, wie z. B. Basteln • sind neugieriger und fragen mit einem erweiterten Wortschatz • nehmen andere Kinder und Erzieher der Einrichtung wahr und lassen sich von ihnen helfen; sind interessiert an den Namen und Aktionen der anderen Gruppenangehörigen	• Streitigkeiten beobachten, Kompetenzen der Kinder einfordern • das soziale Miteinander genau benennen: „Ihr beiden möchtet …", die Kinder loben; Begegnungen der Kinder sprachlich begleiten • aktiv zuhören, auf Wünsche der Kinder weitestgehend eingehen • Gruppenansprachen einsetzen • Arbeitsabsprachen treffen • Zeiten für altersgerechte Angebote schaffen • Hilfestellungen der anderen Erzieherinnen und Kinder sind erwünscht (erster Schritt zur Eingewöhnung in die anderen Gruppen) • die Kinder gezielt mitnehmen, um Aufgaben innerhalb der Einrichtung zu erledigen	• Ideenkatalog mit altersgerechten Angeboten, siehe Bildungsbox, S. 56 • im Mittelkreis verstärkt Angebote zu gemeinsamen Spielaktionen anbieten, in denen die Persönlichkeiten der Kinder wahrgenommen werden • im Mittelkreis erste Kreisspiele anbieten

„Und tschüss!“ – Eingewöhnung in die anderen Gruppen

Zum Ende des Nestjahres spüren wir den Drang der Kinder nach etwas Neuem, nach Erweiterung ihres Aktionsradiuses und der Spiel- und Erprobungsmöglichkeiten sowie der Kontaktaufnahme zu älteren Kindern. Erzieherinnen kennen diesen Wunsch auch von sechsjährigen Kindern, die in die Grundschule kommen.
Für uns ist dies ein Zeichen: „Der innere Loslösungsprozess beginnt.“ Jetzt heißt es für die pädagogischen Mitarbeiterinnen, die Kinder auf den nächsten Übergang vorzubereiten und sie zu begleiten.

Vorbereitung:

- Ältere Kinder können in die Nestgruppe eingeladen werden, sie bringen neue Spielimpulse und Spielprozesse in die bisher bekannte Umgebung. Erste Vorlieben und Sympathien werden sichtbar.
- Das Raum- und Materialangebot bleibt identisch, bieten Sie keine neuen Anregungen mehr an. Die Kinder sollen den inneren Drang, die intrinsische Motivation, spüren, neue Gruppen entdecken zu wollen und sich auf den Weg zu machen.
- Nehmen Sie die Kinder mit auf die Entdeckungsreise durch die Einrichtung, z. B., um Material zu beschaffen, um in die Küche, in das Büro, oder in andere Gruppen zu gehen.
- Gruppen mit älteren Kindern verfügen über vergleichbare Raumstrukturen im Gruppenraum. Sie unterstützen die Orientierung der Kinder. Sprechen Sie den Besuch mit Ihrer Kollegin ab.
- Die Symbole der Kinder / Eigentumsschilder sollten möglichst beibehalten werden.
- Überlegen Sie, welche Beziehungen zur Zufriedenheit der Kinder weitergepflegt werden sollen. Beziehen Sie die Wünsche der Eltern mit ein.

Begleitung:

- Die Bezugserzieherinnen begleiten ein bis drei Kinder mit in die anderen Gruppen, beginnend mit dem Morgenkreis. Durch diese Strukturierung ist der Übergang für die Kinder überschaubar. Sie können an ihre eigenen Erinnerungen / Aktivitäten anknüpfen. Außerdem müssen die Kinder so nicht in bereits existierende Spielaktionen eingreifen, sondern werden automatisch in den Tagesablauf integriert.
- Die Überleitung sollte wieder an das Berliner Eingewöhnungsmodell (s. S. 33 ff.) angelehnt werden. Die Eingliederung wird Schritt für Schritt erweitert, Kinder verweilen nach dem Morgenkreis noch individuelle Zeit in der neuen Gruppe, immer in Begleitung der Bezugserzieherin.
- An Schnuppernachmittagen können auch Eltern ihre Kinder begleiten und die neue Gruppe sowie die Mitarbeiterinnen kennenlernen.
- Der Austausch der pädagogischen Mitarbeiterinnen über die Bildungsdokumentation der Kinder, über Stärken, Vorlieben und Abneigungen ist wichtig.
- Alle Protokolle und Aufzeichnungen sollten übergeben werden.
- Ein kleines Abschiedsfest in der Nestgruppe ist ein Zeichen für die Kinder, dass nun etwas Neues beginnt.

Merkmale der Phase „Und tschüss!“

Verhalten der Kinder	Verhalten der Erzieherin	Unterstützende Materialauswahl etc.
• Die Kinder haben Tagesabläufe, Rituale und Regeln verinnerlicht, orientieren sich und fordern diese ein. • Bewusste Regelverstöße: Die Kinder beginnen, ihr Verhalten / ihren Regelverstoß zu begründen. • Wünsche werden benannt oder Sonderregeln eingefordert • Die Kinder beschäftigen sich allein oder in Kleingruppen. Vermehrt sind Rollenspiele zu beobachten. • Die Kinder sind neugierig, sie begleiten die Erzieherin außerhalb des Gruppenbereiches, z. B. in die Küche, um Becher zu holen. • Sie grüßen, beobachten und sprechen mit anderen Kindern und Erzieherinnen. • Die Kinder besitzen im Spiel und bei Beschäftigungen mehr Ausdauer.	• Ausnahmen / Veränderungen im Tagesablauf sind möglich • erste „Stuhlkreise“ einberufen • Spielbereiche vergrößern, Spiel mit älteren Kindern vorbereiten • neue Impulse schaffen, um das Spiel zu unterstützen und zu fördern • die Kinder mitnehmen, alle Handlungen sprachlich begleiten • andere Kinder und Erzieherinnen mit Namen grüßen und mit ihnen sprechen; Gespräche unterstützen und hierfür Zeit und Raum schaffen • Die Erzieherin kann die Kinder nun ermutigen, ihr Spiel zu beenden. • aktives Zuhören: „Du möchtest gerne …“, „Was möchtest du? …“ • Langeweile / Störungen aushalten, gegebenenfalls Alternativen anbieten	• ausreichend Stühle in erreichbarer Nähe haben • neue Materialien aus dem Alltagsbereich einführen • Einsatz von altersgerechten Regelspielen, Spiele von zu Hause mitbringen lassen • Spiele aus den anderen Gruppen ausleihen • Bilderbücher anbieten • Infoschreiben an die Eltern vorbereiten, wann Schnuppertage angeboten werden • Übergabegespräch mit den Erzieherinnen und den Eltern In dieser Phase empfiehlt es sich, nicht zu viel Neues in der Nestgruppe anzubieten, um so die Neugierde der Kinder auf die neue Gruppe zu verstärken.

• Sie erzählen Erlebtes von zu Hause, erzählen zu Hause vom Kindergarten, ahmen die Erzieherin nach, spielen verschiedene Situationen nach. • fordern die Eltern auf, bestimmte „Rollen“ einzunehmen • erste Langeweile zeigt sich	• Kinder aus anderen Gruppen verstärkt am Nachmittag einladen, um Kontakte zu pflegen • gemeinsam Spiele spielen • sich bei Rollenspielen zurückziehen und beobachten • einmal in der Woche am Vormittag eine andere Gruppe besuchen, mit der jeweiligen neuen Gruppe einen Termin absprechen • Um den Tagesablauf der zu besuchenden Gruppe und das Wohlbefinden der Kinder zu sichern, empfiehlt sich der Besuch zur Zeit des Morgenkreises und des Frühstücks in Begleitung einer Erzieherin aus der Nestgruppe. • immer nur ein Besuch einer anderen Gruppe pro Tag, damit der Alltag in der Nestgruppe gesichert bleibt • Die Erzieherin zieht sich zurück und geht mit Erlaubnis des Kindes aus der Gruppe. • Bis zum Wechsel in die neue Gruppe sollten viele Berührungspunkte mit den Kindern und den Erzieherinnen der neuen Gruppe geschaffen werden.	

Umgang mit Beratungsbedarf, Kritik und Beschwerden

Gespräche mit Eltern sind für Erzieherinnen besonders schwierig zu führen, wenn sich der Gesprächsinhalt auf unerfüllte Erwartungen, Missverständnisse, Kritik, Vorwürfe über ungerechte Behandlung, Entwicklungsdefizite oder Verhaltensauffälligkeiten der Kinder konzentriert.
Die professionellen Fähigkeiten der Erzieherin werden bei Kritik und Beschwerden seitens der Eltern auf den Prüfstand gestellt. Die Ausgangsposition ist für beide Gesprächspartner meist höchst emotional.

Die Erzieherin sollte bei diesen Gesprächen ihre in der Ausbildung erworbene Erfahrung und Selbstsicherheit einbringen. Außerdem sollte sie sich vor Augen führen, dass sie nicht nur das einzelne Kind betreut, sondern das Leben und Lernen einer ganzen sozialen Gemeinschaft im Blick halten muss. Beobachtungen in der Gruppe sind nicht immer mit Beobachtungen aus dem Elternhaus konform.

Gerade bei den zweijährigen Kindern, bei denen Erwachsene auf emotionale, gesundheitliche oder körperliche Signale achten, können latente Unzufriedenheit, Eifersucht der Eltern oder Schwierigkeiten mit der Betreuungsform bzw. den Betreuungszeiten zu Konflikten führen.
Jedoch müssen wir Erwachsene unbedingt die Sensibilität der zweijährigen Kinder in den Vordergrund stellen. Die Kinder nehmen Unsicherheiten und Spannungsfelder zwischen Erwachsenen mit hoher Beobachtungsgabe wahr und beziehen sie mit auf ihre eigene Person.

Durch Kommunikation gemeinsam Lösungen finden.

Um Probleme erfolgreich zu bewältigen, bedarf es einer sowohl sachlichen als auch partnerschaftlichen Gesprächsatmosphäre. Eine transparente Kommunikation kann schon im Vorfeld Spannungssituationen vorbeugen und gibt der Erzieherin die Möglichkeit, auf das Einrichtungskonzept und die Rahmenbedingungen hinweisen zu können.

Ein „fertiges" Konzept für den Umgang mit Kritik und Beschwerden ist nur schwer zu vermitteln. Die Gesprächsführung bei einer Beratung ist einerseits vom Konzept der Einrichtung und andererseits von den Wertevorstellungen aller Beteiligten abhängig. Erzieherin und Eltern sollten sich stets vor Augen halten, dass nicht die Erwachsenen im Mittelpunkt des Gespräches stehen, sondern das einzelne Kind.

Eine sachliche und systemische Gesprächsführung wird durch Eigenreflexion und professionelle Vor- und Nachbereitung seitens der Erzieherin unterstützt. Mit dieser Vorgehensweise ist es der Erzieherin möglich, als „Anwalt des Kindes" zu agieren.

Halten Sie sich bei einem Beratungsgespräch stets Folgendes vor Augen:
Alle Gesprächsteilnehmer haben von ihrem Standpunkt aus gesehen Recht.
Ein Beispiel: Eine Kaffeetasse steht mittig auf dem Tisch. Vier Personen sitzen um den Tisch herum. Die erste Person sagt: „Der Henkel der Kaffeetasse ist rechts!" Die Person gegenüber erwidert: „Stimmt ja gar nicht! Der Henkel ist links!" Mit „So ein Unsinn" beteiligt sich die dritte Person: „Die Tasse hat gar keinen Henkel!", „Natürlich ist da ein

Henkel", antwortet der Vierte, „ich sehe ihn genau vor mir!"
Jeder der Beteiligten hat von seinem Standpunkt aus betrachtet Recht. Wenn Sie sich dieses Bild vor Augen halten, so lässt sich manche Spannungssituation aushalten.

Im Folgenden werden Tipps angeboten, wie sich die Erzieherin im Falle eines Beratungsgespräches verhalten bzw. wie sie sich auf ein solches vorbereiten kann:

- Pädagogen sind Erzieher der Kinder und nicht der Eltern, wir haben das Recht und die Pflicht zu informieren, müssen jedoch auch die Wertevorstellungen einzelner Familien größtmöglich akzeptieren. Unsere professionelle Vorgehensweise liegt daher in einer sachlichen und strukturierten Vorbereitung und in einer kontinuierlichen Reflexion der eigenen Sichtweisen und Kommunikationsfähigkeiten. Kommunikationsschwächen müssen erkannt und sollten durch Übung verbessert werden.

- Unsere Kinder leben in Familien, die durch die eigene Bildungsgeschichte und Vorerfahrungen geprägt sind. Für eine erfolgreiche Gesprächsführung sollte die Erzieherin auf „Augenhöhe" kommunizieren, d. h. auf Fachbegriffe möglichst verzichten. Wird die Professionalität der Erzieherin nicht anerkannt, sollte diese selbstbewusst reagieren und den Respekt des Gegenübers einfordern.

- Gefährdet ist die Kommunikation immer dann, wenn einer der Gesprächspartner versucht, die Situation zu „retten". Wir alle kennen das Vorurteil, dass Erzieherinnen unter einem „Helfersyndrom" leiden. Dies ist nicht von der Hand zu weisen, da wir verantwortlich mit jungen Menschen umgehen, die nicht für sich selbst sprechen können. Die Erzieherin sollte immer von ihrem Standpunkt aus formulieren (Ich-Botschaften äußern) und versuchen, vage Äußerungen zu vermeiden. Dies betrifft zum Beispiel die Äußerung „Man kann ja mal …" Wer ist „man"? Wann ist „mal"? Exakte Formulierungen beugen Missverständnissen vor.
  Ein geplantes Elterngespräch unterstützt die persönliche Kompetenz der Erzieherin, auch im Abgeben von Verantwortung. Das Motto lautet: „Loslassen können."

- Regen Sie das „Kopfkino" Ihrer Gesprächspartner an und informieren Sie sie anhand von Bildungsdokumentationen, Portfolios, Bildern, Fotos, Hospitationen, Geschichten oder Zitaten der Kinder. So geben Sie den Eltern die Möglichkeit, sich hautnah in das Leben und Lernen ihres Kindes einzufühlen und einen Einblick in und Verständnis für die pädagogische Arbeit zu erhalten. Je anschaulicher das Gespräch strukturiert ist, desto leichter fällt es den Erziehungsberechtigten, die Informationen an Dritte, z. B. an Ärzte oder Therapeuten, weiterzugeben. Durch eine verständliche Sprache können Sie auch adäquat auf Vorwürfe reagieren: „Woran machen Sie Ihre Aussage fest?"

Wir unterscheiden zwischen zwei Arten des Beratungsgespräches:

1. Feststellung und Verlauf eines Beratungsbedarfes durch die pädagogische Mitarbeiterin

- Beobachtungen im Tagesablauf, wie z. B. aggressives oder zurückgezogenes Spiel, Entwicklungsdefizite, Sprach- oder Bewegungsauffälligkeiten, werden im Gruppentagebuch mit Datum, Zeit, Ort, beteiligten Personen / Materialien schriftlich fixiert und von der Beobachterin unterschrieben. Bilder und Exponate von den Kindern werden in der Bildungsdokumentation abgeheftet.

- Jede Gruppe verfügt einmal in der Woche über die Möglichkeit einer Fallbesprechung mit der Leitung der Einrichtung.
- Wird durch Auswertung des Gruppentagebuches / der Bildungsdokumentation deutlich, dass ein Beratungsbedarf besteht, zieht die pädagogische Fachkraft mindestens die Leitung der Einrichtung oder eine andere Fachkraft zurate, denn: Eine Beobachtung ist subjektiv, mehrere Beobachtungen sind objektiver.
- Nach der gemeinsamen Feststellung des Beratungsbedarfs sollten die Beratungsschwerpunkte schriftlich fixiert werden.
- Der Gesprächsinhalt sowie das Gesprächsziel und der mögliche Verlauf werden mit Hilfe der Leitfragen auf Seite 78 vorbereitet.
- Nach dem Gespräch wird von der pädagogischen Mitarbeiterin ein Protokoll / eine Zielvereinbarung angefertigt und von den Erziehungsberechtigten unterschrieben. Die Erziehungsberechtigten erhalten eine Kopie.
- Reicht die Beratung im Hause nicht aus und / oder sind Fragen offen geblieben, so wird eine externe Beraterin hinzugezogen und ein weiterer Beratungstermin vereinbart. Die externe Beraterin sollte im Vorfeld das Kind in der Gruppensituation und / oder während des Umgangs mit der Familie beobachten.

Hinweis: Beachten Sie unbedingt den Datenschutz! Informationen an Dritte werden nur mit dem schriftlichen Einverständnis der Eltern übermittelt. Dabei sollte genau festgelegt werden, welche Inhalte und Informationen dem Austausch dienen.

2. Feststellung und Verlauf eines Beratungsbedarfs durch die Erziehungsberechtigten

- Signalisieren die Erziehungsberechtigten einen Gesprächsbedarf, z. B. aufgrund von Erziehungsfragen, der Lebenssituation der Familie oder anderen Umständen, so fragt die Fachkraft nach dem Schwerpunkt des Gespräches: „Worauf darf ich mich vorbereiten? Welche Wünsche haben Sie an uns? Wer soll an dem Gespräch teilnehmen?“ (s. Leitfragen S. 78) Die Mitarbeiterin bereitet die Beratung dementsprechend vor.
- Die Erzieherin tauscht sich mit einer Kollegin oder mit der Leitung über den Beratungsbedarf der Eltern aus. Evtl. kann der Gesprächskreis nach der Zustimmung der Eltern vergrößert werden.
- Das Beratungsgespräch auf Wunsch der Eltern findet zeitnah, spätestens nach fünf Werktagen, statt. Der Zeitpunkt wird so terminiert, dass alle Gesprächspartner anwesend sein können.
- Nach dem Gespräch fertigt die pädagogische Fachkraft ein Gesprächsprotokoll an und übergibt eine Kopie an die Eltern.
- Ergibt sich aus dem Gespräch ein zusätzlicher Beratungsbedarf für die Eltern, so kann mit den Eltern eine Uhrzeit für den Tag der offenen Sprechstunde vereinbart oder eine andere individuelle Gesprächszeit festgelegt werden.
- Eine Liste über externe Beratungsmöglichkeiten (unterstützende Familienberatungsstellen mit Ansprechpartnern) sollte in der Einrichtung zur Verfügung stehen.
- Entsteht der Bedarf, externe Fachkräfte in das Gespräch zu involvieren, nimmt die pädagogische Fachkraft / Leitung Kontakt zu der Beratungsstelle auf und vereinbart einen Termin.

Strukturen für ein Beratungsgespräch

Kurzprotokoll vom: ______________________

Gesprächsteilnehmer: ____

Vorbereitung

Folgende Leitfragen sollten Sie sich vor dem Beratungsgespräch stellen:

- Habe ich alle Beteiligten des Konfliktes für die Beratung eingeladen oder muss der Gesprächskreis erweitert werden? (z. B. durch die Tagesmutter, die Großeltern, den Allgemeinen Sozialen Dienst)
- Habe ich nachgefragt, welches Anliegen die Eltern haben?
- Habe ich behutsam und sachlich nachgefragt, worauf ich mich vorbereiten darf?
- Habe ich die notwendigen Material- und Raumvorbereitungen getroffen? (für Ordnung und Ruhe gesorgt, Sitzordnung geregelt, Getränke besorgt, Entwicklungsbogen, Tagesberichte mitgebracht …)
- Über welche Vorinformationen verfüge ich? (betrifft z. B. die Erziehungswünsche der Eltern, die familiäre Werteorientierung, die Erwartungen der Eltern an die Einrichtung, den bisherigen Kontakt …)
- Welchen positiven Einstieg kann ich nutzen?
- Was ist meine größte Erwartung / Sorge?
- Auf welche Fachinformationen kann ich ggf. zurückgreifen?
- Auf welchen persönlichen Stärken kann ich aufbauen?
- Wo kann ich mir ggf. Unterstützung suchen?

Begrüßung

- „Ich danke Ihnen für Ihr Kommen."
- „Ich freue mich, dass wir uns zur Unterstützung Ihres Kindes treffen."
- „Wir treffen uns, um gemeinsam über Ihr Kind zu sprechen."
- „Wie viel Zeit haben Sie für das Gespräch mitgebracht?"

Durchführung

- Sachliche Formulierung der Beratungsgründe / des Konfliktes. Eigene Beobachtungen „bildlich" weitergeben: „Was habe ich wie erlebt? Woran mache ich meine Beobachtung fest?" …
- Austausch der Argumentationen
- Ziele in der Erziehung des Kindes nennen: „Was wünschen Sie Ihrem Kind? Was möchten Sie dafür tun? Was können wir als Erzieherinnen dafür tun?"
- Formulierung der Ziele von Eltern und Pädagogen
- alle offenen Fragen zum Schluss klären
- Vereinbarungen der Erziehungsbeteiligten festhalten

„Wenn du etwas verändern möchtest – fange bei dir selbst an!"

Unter dieser Prämisse möchten wir Ihnen eine Möglichkeit an die Hand geben, den eigenen Gesprächsstil einschätzen und / oder verbessern zu können.
Aufgrund der hohen Verantwortung für das Wohlbefinden von jungen Menschen sind wir das ein oder andere Mal schon in die „Helferfalle" getappt oder haben Hilfen angeboten, die nicht nur das Leben in der Kindertageseinrichtung, sondern auch das private Wohlbefinden belasten.
Der nachfolgende Fragebogen bietet eine Möglichkeit, die eigenen Fähigkeiten einzuschätzen, das eigene Verhalten zu reflektieren und so kontinuierlich verbessern zu können.

Selbsteinschätzung

Fragestellungen	**wenig**	**mittel**	**stark**
Bei der Terminabsprache			
Habe ich bei Terminabsprachen die zeitlichen Möglichkeiten der Beteiligten beachtet? (von Mutter, Vater, Kollegin …)			
Habe ich auf mein eigenes Anliegen aufmerksam gemacht?			
Habe ich nachgefragt, welches Anliegen die Eltern haben?			
Vor dem Gespräch			
Habe ich die notwendigen Raumvorbereitungen getroffen? (für Ordnung und Ruhe gesorgt, Sitzordnung geregelt, Getränke besorgt, Entwicklungsbogen, Tagesberichte mitgebracht …)			
Habe ich für mich ein Ziel formuliert?			
Habe ich Fachinformationen gesammelt?			
Habe ich den Vorbereitungsbogen für ein Beratungsgespräch genutzt?			
Habe ich mir die Kommunikationsregeln ins Gedächtnis gerufen?			
Habe ich den letzten Reflexionsbogen ausgewertet?			
Durchführung des Gespräches			
Begrüßung			
Habe ich einen positiven Einstieg gefunden?			
Habe ich die Eltern nochmals nach ihrem Anliegen gefragt?			
Habe ich den Gesprächsrahmen festgelegt? (Zeitplan vorgestellt, Entwicklungsbogen bereitgehalten …)			
Verlauf des Gespräches			
Habe ich das Problem sachlich geschildert?			
Habe ich Lösungsmöglichkeiten gesammelt und angeboten?			

Fragestellungen	wenig	mittel	stark

Persönliches Gesprächsverhalten

Habe ich aktiv zugehört? („Habe ich Sie richtig verstanden?“, „Meinten Sie …?“)			
War meine Körperhaltung offen?			
War meine Mimik / Gestik freundlich und offen?			
Habe ich verständlich und höflich gesprochen?			
Habe ich Distanz eingehalten?			
Habe ich Blickkontakt standgehalten?			
War ich authentisch?			
Habe ich mich den Eltern gegenüber verständlich ausgedrückt? (Umgang mit pädagogischen Fachwörtern vermeiden.)			
War meine Fragestellung offen?			
Habe ich „Ich-Botschaften“ geäußert? („Ich wünsche mir …“)			
Habe ich Ruhe ausgestrahlt?			
Habe ich Pausen ausgehalten?			

Kommunikationselemente

Habe ich die Beziehungsebene beachtet? (gegenseitige Akzeptanz)			
Habe ich die Sachebene erkannt, indem ich das Ziel des Gesprächs verfolgt habe?			
Habe ich die Appellebene beachtet, indem ich versteckte Aufforderungen erkannt habe?			
Habe ich die Selbstoffenbarungsebene erkannt? (Was haben die Gesprächsteilnehmer unterschwellig von mir wahrgenommen bzw. was habe ich wahrgenommen?)			

Gesprächsatmosphäre

Haben sich alle am Gespräch beteiligt?			
Wurden Emotionen beim Gesprächspartner zugelassen?			
Haben alle Gesprächspartner die Zielorientierung beachtet?			

Abschluss des Gespräches

Haben wir eine Lösung gefunden?			
Haben wir einen neuen Termin vereinbart?			
Habe ich das Gespräch ausreichend protokolliert?			